**Cuadernos
Metodológicos**

CIS

Centro de
Investigaciones
Sociológicas

Metodología
de la
evaluación de
programas

Francisco
Alvira Martín

2

COLECCIÓN «CUADERNOS METODOLÓGICOS», NÚM. 2

Primera edición, octubre de 1991

© CENTRO DE INVESTIGACIONES SOCIOLÓGICAS
Montalbán, 8. 28014 Madrid

Impreso y hecho en España
Printed and made in Spain

Diseño de la cubierta: Carlos Sendín

NIPO: 004-91-014-6
ISBN: 84-7476-158-1
Depósito legal: M. 37.622-1991

Fotocomposición: EFCA, S. A.
Avda. Dr. Federico Rubio y Galí, 16. 28039 Madrid

Impreso en Closas-Orcoyen, S. L. Polígono Igarsa
Paracuellos de Jarama (Madrid)

Índice

1
Introducción

La evaluación de programas de actuación pública, de Servicios Sociales, de políticas, de intervenciones sociales en suma, ha ido perfilándose con una metodología concreta en los últimos quince años. Esta metodología queda delimitada por:

— una terminología propia,
— un conjunto de herramientas conceptuales y analíticas específicas, y
— unos procesos, fases y procedimientos también específicos.

El conjunto define un campo floreciente en el que realmente lo específico es la mezcla y no las partes constitutivas.

Toda metodología, sea en el campo que sea, aparte de ser a la vez prescriptiva y descriptiva, es algo en movimiento que evoluciona y se modifica adaptándose a las circunstancias cambiantes de su campo de aplicación. La cristalización histórica de una metodología dada está condicionada por posicionamientos determinados sobre puntos/hitos esenciales. En el caso de la metodología de la evaluación de programas, aquí y ahora, los siguientes posicionamientos condicionan su estructura.

1. Evaluación y programación

Que evaluación y programación/planificación son dos procesos interrelacionados y entrelazados es un hecho sobradamente reconocido. Sin embargo, frente a una concepción inicial que contemplaba a la evaluación como un ejercicio a realizar después de que existiera una previa programación/planificación y una vez estuviera funcionando el programa/intervención, hoy se acepta de un modo generalizado que evaluación y planificación caminan paralelamente. Frente al esquema inicial que se desarrollaba linealmente desde la identificación del problema/necesidad a la puesta en marcha de la intervención, pasando por la priorización de objetivos, diseño de un programa/intervención, etc. para llegar por último a la evaluación (ver esquema A), hoy el esquema vigente es el B, donde la evaluación puede realizarse tanto sobre la conceptualización y diseño de la intervención como sobre su instrumentalización o sus resultados e impacto.

E S Q U E M A «A»

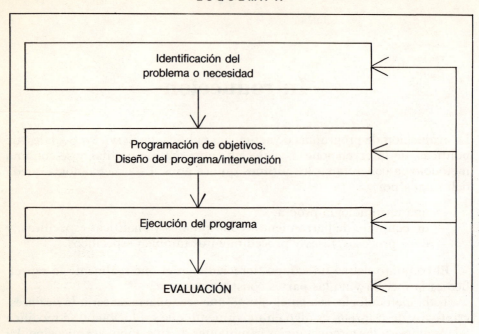

E S Q U E M A «B»

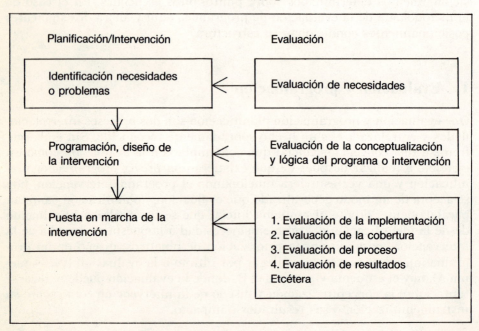

Evaluación y programación quedan así entrelazados de un modo continuo en un proceso de retroalimentación permanente.

2. Investigación evaluativa y evaluación de programas

La realización de una evaluación conlleva la aplicación de procedimientos sistemáticos y rigurosos de recogida de información y de análisis. En este sentido los procesos de evaluación se parecen mucho a cualquier investigación social, más aún si ésta es aplicada.

Pero es evidente que evaluar es algo más que investigar, puesto que debe de emitirse un juicio de valor sobre el objeto que se está evaluando, sea éste un programa, un Servicio Social o una intervención puntual. Ciertamente ese juicio de valor tiene que producirse a la vista de una información determinada tanto más válida y fiable cuanto más riguroso y sistemático haya sido el procedimiento de recogida y análisis de la misma. Evaluar requiere emitir juicios de valor, mientras que la investigación social aun siendo aplicada no lo requiere.

Aun siendo la más importante, ésta no es la única característica que separa evaluación de investigación. El énfasis en la utilización de los resultados de la evaluación y en la participación de las llamadas «partes interesadas» a lo largo del proceso evaluativo constituyen otras tantas características distintivas de la metodología de la evaluación.

3. Evaluación y utilización de resultados

La conocida serie de experimentos sobre el Impuesto Negativo sobre la Renta que se llevaron a cabo en EE UU en los años 70 tuvieron su talón de Aquiles en la imposibilidad de utilizar los resultados de los mismos. Para cuando se empezó a disponer de ellos había cambiado el partido en el gobierno y los republicanos no tenían ningún interés en establecer un impuesto negativo sobre la renta. El salario social, tan en moda hoy en nuestro país, es, a la postre, un pariente lejano y pobre de dicho impuesto.

Las evaluaciones tienen que producir resultados en el momento preciso, y esta exigencia obliga a utilizar el procedimiento de recogida de información y análisis más adecuado al tiempo y recursos disponibles, aunque no sea el mejor desde un punto de vista estrictamente cientificista.

Del mismo modo, aquellas personas o instituciones que van a utilizar la evaluación pueden —¿y deben?— influir, no sólo en la forma y tiempo en que se presentan los resultados, sino también en la determinación de qué información es la necesaria y cuáles los procedimientos de su recogida más creíbles y «válidos».

Los instrumentos de medición y técnicas de recogida de datos tendrán que cumplir, así, no sólo los requisitos científicos tradicionales —fiabilidad, validez, parsimonia...— sino que, además, tienen que ser «válidos» y creíbles para los usuarios de la evaluación. De nada sirve construir una escala de actitudes tipo Likert cumpliendo todos los requisitos científicos, si la persona que encarga la evaluación no asigna validez ni credibilidad alguna a la información recogida mediante dicha escala.

4. Evaluación y «partes interesadas»

Precisamente ésta es una de las razones para incluir en el proceso evaluativo a las «partes interesadas», es decir, a aquellas personas que tienen un interés legítimo en el programa y por tanto en la evaluación, sean éstas los usuarios, los decisores políticos, los administradores, los técnicos, etcétera.

Su participación permite elegir adecuadamente las preguntas que debe responder la evaluación, seleccionar los indicadores óptimos así como los métodos de recogida de información, etc. El concepto de adecuación u optimización debe entenderse aquí como adecuado a la vez científicamente y para las partes interesadas; es, por tanto, una adecuación objetiva e intersubjetiva.

Pero además esta participación es sin duda vital para lograr que los resultados de la evaluación sean útiles y utilizados, condición casi universalmente reconocida como necesaria hoy en día en una evaluación.

La forma y el grado en que las partes interesadas participen en una evaluación está abierta a discusión siendo esta cuestión esencialmente problemática.

5. La interdisciplinariedad de la metodología evaluativa

Evaluar es emitir un juicio de valor sobre un objeto. Procedimientos de evaluación han existido siempre y son consustanciales a toda intervención social, sea en el ámbito que sea. Por ello, una auditoría fiscal, jurídica, económica *es* una evaluación; del mismo modo que también lo es la del impacto ambiental realizada desde la perspectiva geológica.

Ciertamente este manual introductorio se inscribe en una tradición que tiene su origen en otras disciplinas; más concretamente en la Sociología, la Psicología Social y la Psicología, pero desde el principio del mismo debe quedar constancia de que la metodología de la evaluación es multidisciplinar. Los intentos imperialistas de una u otra disciplina científica resultan bastante vanos y a la larga perjudiciales para el propio desarrollo de la metodología de la evaluación.

2
Perspectivas y modelos en evaluación

La evaluación de programas/intervenciones sociales, tal como se entiende hoy en día, comienza en los años 40/50 en EE UU centrada en la evaluación de objetivos en el campo de la educación. R. TYLER es sin duda el representante más relevante de estos comienzos.

Según esta perspectiva, un programa/intervención debía tener unos objetivos operativos específicos; éstos miden el logro/efecto de la intervención, circunscribiéndose la evaluación a constatar fehacientemente si los objetivos se cumplían o no y en qué grado.

Por ello el procedimiento evaluativo seguido consistía sencillamente en la medición preprograma seguida de una medición posprograma de los objetivos operativos deduciendo el logro (o no) de los mismos y emitiendo el correspondiente juicio de valor positivo o negativo.

En 1963 D. CAMPBELL y J. STANLEY publican su capítulo de diseños preexperimentales, experimentales y cuasiexperimentales en investigación educativa dando pie a una nueva perspectiva evaluativa centrada en el método experimental. CAMPBELL entra en todas las polémicas de investigación clásicas para acabar en la sociedad experimentadora.

En los años siguientes el número de evaluaciones realizadas desde la perspectiva experimentalista se multiplica y adquiere rasgos de paradigma dominante, aunque sin desplazar totalmente la evaluación mediante objetivos.

A mediados de los 70 y principios de los 80 esta perspectiva entra en crisis esencialmente por una razón: la realización de auténticos experimentos sociales es muy difícil, en muchos casos imposible y siempre requiere un gran esfuerzo económico llevando mucho tiempo, por lo que sus resultados muchas veces no resultan ni útiles ni utilizables.

Los años 80 se caracterizan por:

1) Una expansión de la evaluación de programas a los países occidentales a la par que se restringe el dinero para éstas en EE UU.
2) La aparición de una pluralidad de perspectivas, exageradamente denominadas modelos, y de «nuevos» métodos.

3) Un énfasis creciente en lograr que las evaluaciones sean útiles haciendo hincapié por tanto en:
   — que los resultados lleguen a tiempo, y
   — la evaluación se centre no sólo en si los objetivos se han cumplido o no, sino que plantee qué partes del programa funcionan y cuáles no.
4) Ampliación del tipo de preguntas a las que debe dar respuestas una evaluación rebasando con creces la evaluación de resultados que había sido dominante en perspectivas anteriores.

La situación actual en la metodología de la evaluación es una situación plural, compleja y más realista que la existente hace unos años. No es que unas perspectivas hayan ido sustituyendo a otras sino que se han ido produciendo progresos paulatinos en la metodología añadiendo nuevas perspectivas, nuevos tipos de evaluación, nuevos conceptos y herramientas analíticas... de modo que realmente en estos momentos la fase clave de una evaluación es la de la determinación de los objetivos de la misma, o más exactamente, la delimitación de qué preguntas quieren verse contestadas. El tipo de evaluación, y en cierta medida el diseño de la evaluación van a venir condicionados por dichos objetivos/preguntas.

En resumen, en los últimos cuarenta años se ha producido un enriquecimiento y complejización de los procedimientos evaluativos.

Este proceso queda puesto de relieve en dos definiciones de qué es evaluación, la clásica y tradicional de L. RUTHMAN —evaluación de programas conlleva el empleo de métodos científicos para medir la implementación y resultados de programas para ser usada en la toma de decisiones— y la más actual de W. SHADISH —evaluación es el conocimiento empírico del mérito o valor de las actividades y objetivos de un programa.

La primera:

— se centra sólo en dos tipos de evaluación (implementación y resultados);
— delimita como esencial la utilización de métodos científicos, y
— «olvida» que evaluar es adjudicar valor.

La segunda:

— pone la esencia de la evaluación en la emisión de juicios de mérito/valor;
— amplía el posible objetivo del proceso evaluador, y
— aunque se recalca el «conocimiento empírico», no se insiste en la utilización de procedimientos científicos.

Evaluar es emitir juicios de valor, adjudicar valor o mérito a un progra-

ma/intervención, basándose en información empírica recogida sistemática y rigurosamente.

Aunque en la práctica sea difícil, cabe así separar los dos procesos básicos de cualquier evaluación:

— De un lado, el juicio de valor o adjudicación de mérito.
— De otra, la recogida y análisis de la información para que el juicio de valor que se realice esté suficientemente justificado.

En una primera fase histórica del desarrollo de la metodología de la evaluación, el énfasis se puso en el segundo proceso, insistiendo en la cientificidad de la recogida y análisis de la información, equiparándose así evaluación con investigación aplicada.

Hoy resulta evidente que ambos procesos son necesarios para llevar a cabo una correcta evaluación, pero el diferente peso que se pone en la adjudicación del valor en relación a la recogida/análisis de la información conforman lo que se ha dado en llamar (véase D. STUFFLEBEAM) modelos de evaluación. Otra característica igualmente importante que separa los diferentes «modelos» —que en realidad son perspectivas en sentido muy laxo— son los diferentes criterios de valor utilizados en la adjudicación del mérito.

1. Algunos modelos evaluativos

Carece de sentido realizar aquí en este manual introductorio un análisis exhaustivo de los diferentes modelos/perspectivas de evaluación que han ido surgiendo en los últimos años; apoyan esta tesis, aparte de las razones de pragmatismo que deben guiar un manual, el hecho de que, realmente, no se trata de modelos en sentido estricto sino de diferentes aproximaciones a la metodología de la evaluación, aproximaciones que no son excluyentes sino complementarias o alternativas en la mayor parte de los casos.

Por ello, he elegido algunos de estos supuestos modelos para ilustrar el argumento esencial de este capítulo y de este libro:

a) Evaluar es emitir juicios de valor o mérito.
b) Se necesitan por tanto criterios de valor.
c) Las diferentes perspectivas simplemente ofrecen distintos criterios o referentes de valor.
d) Realmente estos diferentes criterios o referentes de valor vienen determinados por los propios objetivos de la evaluación.

Este argumento se retoma en el último apartado de este capítulo inmediatamente después del análisis de algunos modelos evaluativos.

1.1. El modelo de TYLER

Ralph TYLER desarrolló hace ya muchos años un modelo centrado en la evaluación mediante *objetivos* que gozó de amplio predicamento durante un par de décadas, sobre todo en el campo de la educación.

El proceso a seguir dentro de este modelo es relativamente sencillo y lineal:

1) Especificación de metas y objetivos del programa.
2) Estricta delimitación de estos objetivos de modo jerárquico (mayor a menor concreción) en términos objetivos y medibles.
3) Selección o elaboración de los instrumentos adecuados para medir las situaciones o condiciones del programa en que se produce o no la consecución de dichos objetivos.
4) Recopilación de la información necesaria utilizando los instrumentos de medida del punto anterior sobre dicha consecución —o no— de los objetivos.
5) Análisis comparativo de lo logrado, que se deduce de la información recopilada, y de lo que se quería lograr (objetivos/metas establecidos previamente).

Una meta de «erradicación de la mendicidad infantil en un municipio determinado» *podría* transformarse así en diferentes objetivos, incluyendo:

— lograr una reducción de niños mendigando detectada a través de las diferentes instancias, cifrada en el 50 % en el plazo de dos años;
— atención social a los niños y familias afectadas para evitar que estas situaciones se reproduzcan, etcétera.

El primer objetivo, que es un objetivo operativo, podría servir para una evaluación según el modelo de TYLER siguiendo el siguiente proceso:

a) Determinar los métodos de detección de los niños mendicantes, definiendo claramente qué es mendigar.
b) Recogida de datos sobre el número de niños en dicha situación a lo largo de los dos años.
c) Cálculo de la reducción —de haberla— en el número de niños detectados mendigando al término del período.
d) Comparación del volumen de reducción logrado con el objetivo inicialmente propuesto de reducir a la mitad.

La perspectiva tyleriana es una perspectiva sencilla y directa pero con importantes problemas:

1. Aunque es indudable que el modelo de evaluación mediante objetivos permite decidir si un programa los logra o no, no dice nada sobre el cómo se consiguen o no dichos objetivos, ni el por qué no se han logrado. Es decir, este modelo no tiene carácter *formativo* sino *sumativo*.
2. El modelo requiere la especificación y delimitación de objetivos medibles, lo que muchas veces resulta difícil o imposible.

1.2. El modelo de R. STAKE

Aunque R. STAKE es ante todo conocido dentro del campo de la evaluación por su énfasis en acomodarse a las necesidades de los «clientes» en la realización de evaluaciones, es decir, por su metodología que se adecua y responde a las necesidades de los que encargan la evaluación, desarrolló también un modelo sistemático distinto del modelo de TYLER.

STAKE recoge dentro de su modelo tanto procedimientos descriptivos como procedimientos de emisión de juicios/valores, insistiendo en que aunque la evaluación no está completa hasta que no se emiten los correspondientes juicios de valor, la parte descriptiva es ya una evaluación o en cualquier caso es un paso previo a la correspondiente valoración o enjuiciamiento de un programa.

Realmente, en el modelo de STAKE se plantean tres procesos/niveles diferentes y sucesivos, que son el soporte sistemático de la evaluación:

1. Examen de la base lógica/conceptual del programa o servicio.
2. Descripción detallada del programa/servicio con aporte de información sobre tres aspectos/categorías distintos del programa/servicio:
   — todos los *antecedentes* del mismo;
   — las *actividades* que tienen lugar en el programa;
   — los *resultados* o consecuencias del mismo.
3. Valoración del programa/servicio en función de la comparación de los datos descriptivos del mismo (fase 2) con datos descriptivos de programas alternativos (o alternativas competitivas críticas, en palabras de SCRIVEN) y con normas de calidad.

La parte descriptiva constituye la fase de recogida sistemática de la información referente al programa, debiendo distinguirse entre intenciones y observaciones (aspectos subjetivos y objetivos) además de los tres niveles señalados antes (antecedentes, actividades, resultados/consecuencias).

La dimensión «intencional» hace referencia al planeamiento inicial, es decir, lo que se pretende, pero también a las percepciones de los participantes del programa en las tres dimensiones de antecedentes, actividades y resultados. Por ejemplo, el programa de erradicación de la mendicidad infantil parte del supuesto de que la mendicidad infantil es una forma de explotación de los niños (antecedente); se planificaría dentro de dicho programa una serie de actividades de detección de niños mendigos, de acogimiento, etc... (actividades) y se esperan unos resultados (desaparición de la mendicidad o reducción del número de niños mendigos).

Pero esto debe contrastarse en esta etapa descriptiva con observaciones de lo que realmente sucede. Puede que se observe que no todos los niños mendigos son explotados, sino que éstos explotan a sus padres/adultos (antecedentes) o que realmente las actividades previstas no se llevan a cabo o se llevan a cabo de otra manera (actividades) o que se consiguen o no los resultados buscados (resultados).

El examen y análisis de la base lógico-conceptual del programa/servicio apunta, así mismo, un contraste con lo previsto o planificado desde el punto de vista conceptual examinando la congruencia o incongruencia existente.

STAKE recomienda asimismo que se lleve a cabo un doble análisis en este nivel descriptivo:

1) Análisis de la discrepancia/incongruencia entre lo querido/buscado/intenciones y lo observado en las tres dimensiones señaladas.
2) Análisis de las relaciones contingentes entre consecuencias/resultados y actividades específicas y/o antecedentes para llegar a conexiones de tipo causa/efecto.

En la fase última de valoración o evaluación propiamente dicha, en el sentido de emisión de juicios/valores, se lleva a cabo una doble comparación:

a) De una parte se comparan los datos descriptivos del programa con los de un programa alternativo, es decir, un programa que realmente sea una alternativa crítica.
b) De otra, se compara con normas de calidad establecidas con criterios explícitos por los grupos de referencia más importantes en cada caso. Según el tipo de programa/servicio ésos pueden ser: los expertos/profesionales, los políticos/decisores, los usuarios, etcétera.

El proceso de evaluación, dentro de este modelo, sigue los siguientes pasos:

1) Se recopila y se analiza la información que describe el programa/servicio y su base lógico/conceptual.
2) Se identifican las normas de calidad (normas absolutas) de los grupos de referencia importantes.
3) Se recogen datos descriptivos de programas alternativos críticos y de ahí se deducen normas relativas.

4) Se procede a emitir un juicio sobre el programa/servicio en función de su adecuación a las normas absolutas y relativas.

1.3. El modelo de E. SCHUMAN

SCHUMAN identifica evaluación con investigación aplicada sobre la efectividad de una intervención social siguiendo, por tanto, un modelo estrictamente cientificista.

Sin embargo, no se atiene solamente al análisis de la consecución de objetivos, sino que además añade como objetivos de una evaluación:

1) Analizar los motivos/razones de éxito y fracaso de programas/servicios medido el éxito como el logro de los objetivos propuestos.
2) Resaltar la filosofía base de la intervención que ha tenido éxito.
3) Redefinición de los medios necesarios para lograr los objetivos.

Aunque el estudio de efectos es prioritario en cualquier evaluación según SCHUMAN, para su correcto análisis es necesario recoger información sobre:

— los procesos del programa;
— la población objeto: características y volumen;
— condicionantes situacionales del desarrollo de la intervención, y
— los efectos diferenciales de la misma.

Del mismo modo, SCHUMAN entiende que hay tres posibles tipos de evaluación:

— la evaluación última de *resultados,* es decir, la evaluación mediante objetivos;
— la *evaluación previa* que se centra en la delimitación de necesidades, de metas y objetivos y puesta en marcha de la intervención social, y
— la *evaluación durante el proceso* para ver qué actividades o procedimientos son más útiles.

Por último, dentro del modelo de SCHUMAN se especifican cinco criterios de valoración que realmente dan lugar a cinco tipos de evaluaciones:

1. El criterio o evaluación del *esfuerzo* que implica la intervención social (calidad y cantidad de las actividades de la intervención).
2. La evaluación del producto o resultado.
3. La evaluación de la suficiencia.
4. La evaluación de la eficiencia.

5. La evaluación del proceso, o sea, el análisis de qué lleva a los resul-
    tados.

1.4. El modelo de STUFFLEBEAM

El modelo desarrollado por STUFFLEBEAM intenta ante todo orientarse hacia
la toma de decisiones proporcionando información útil para la misma.
    De un modo muy sucinto y resumido, el propio STUFFLEBEAM señala el
tipo de información que proporciona su modelo:

1) Qué *necesidades* existen y hasta qué punto los objetivos propuestos
    reflejan las necesidades sentidas.
2) *Descripción* del programa de intervención, de las propuestas alter-
    nativas contempladas y análisis conceptual de la adecuación de la
    propuesta elegida a los objetivos.
3) *Grado de realización* del plan de intervención propuesto y descrip-
    ción de sus modificaciones.
4) *Resultados/consecuencias observadas* de la intervención y grado en
    que se han satisfecho las necesidades.

Para conseguir esta información, STUFFLEBEAM plantea lo que llama el
modelo CIPP, que es sencillamente la enumeración de cuatro tipos distintos
de evaluación:

— evaluación del contexto (C);
— evaluación de los inputs (I);
— evaluación del proceso (P);
— evaluación del producto (P);

El *primer* tipo de evaluación se centra en el análisis de la población
objeto de la intervención, en la valoración de sus necesidades, identificación
de programas de intervención alternativos y análisis de la coherencia de los
objetivos propuestos.
    El *segundo* se centra en el análisis de los programas y la planificación
de la intervención.
    La evaluación del *proceso* lo hace en el análisis de la realización de la
intervención, las actividades desarrolladas y la implementación del programa.
    Por último, la evaluación del *producto* incide en el análisis de los resul-
tados, poniéndolo en relación con los objetivos y la información obtenida
en los otros tipos de evaluación.
    El modelo de STUFFLEBEAM se inscribe, como puede verse, entre los mo-
delos que amplían la metodología tradicional de la evaluación centrada en

objetivos, pero que no supone una alternativa radicalmente distinta sino una alternativa complementaria.

De hecho, lo que hacen tanto SCHUMAN como STUFFLEBEAM es ampliar los objetivos de la evaluación de modo que sea mucho más sistemática y global. No sólo hay que conocer si los objetivos se consiguen (evaluación de resultados o de producto), sino también:

— cuáles son las necesidades;
— si éstas están plenamente recogidas en los programas/servicios;
— cómo se implementan los programas/servicios;
— cómo funcionan estos programas/servicios, etc.

Realmente los nuevos modelos, sobre todo el de STUFFLEBEAM, tienden hacia una evaluación totalizadora y sistemática.

1.5. El modelo de SCRIVEN

SCRIVEN altera de un modo radical la perspectiva evaluadora de anteriores modelos al centrar el énfasis en las consecuencias reales y totales que produce la intervención social tomando como *criterio de evaluación las necesidades de los usuarios/consumidores.*

SCRIVEN desarrolla su modelo en una serie de puntos/criterios de evaluación de los que conviene destacar:

1) Antecedentes, contexto, recursos y función del programa/servicio que se quiera evaluar.
2) El sistema de distribución del programa/intervención.
3) Descripción de los usuarios o población objeto de la intervención.
4) Necesidades y valores de los que se ven realmente afectados por la intervención.
5) Existencia o no de normas/criterios previos para la evaluación.
6) El proceso de la intervención social.
7) Los resultados de la misma.
8) Los costes de la intervención.
9) La comparación con programas/servicios alternativos.

A pesar de todos estos criterios y aspectos a considerar en una evaluación, conviene recalcar que desde el modelo de SCRIVEN lo importante es la determinación de las consecuencias/efectos reales del programa/servicio y su evaluación en función de las necesidades y valores de los propios usuarios/consumidores. Es decir, lo que añade SCRIVEN es la perspectiva del *usuario*, del *cliente*, perspectiva que es tantas veces olvidada desde las instancias planificadoras.

2. Los criterios de valor

Puesto que evaluar consiste básicamente en emitir un juicio de valor o mérito, es necesario disponer de criterios de valor para emitir dicho juicio. Siguiendo a Michel SCRIVEN, el proceso a seguir requiere tres fases:

a. Desarrollo de criterios de mérito justificables que especifiquen qué tiene que hacer o cómo tiene que funcionar un programa para ser etiquetado como bueno.
b. Para cada criterio hay que especificar estándares/normas de funcionamiento que especifiquen niveles o grados de mérito.
c. La evaluación es simplemente la recogida de información sobre el comportamiento de estos criterios para estimar si se han alcanzado o no los estándares prefijados de funcionamiento.

Siguiendo con el ejemplo del programa de erradicación de la mendicidad infantil, un posible criterio de valor sería lograr reducir el número de niños mendigando en un municipio; habría que establecer un estándar, es decir, cuál deba ser la reducción mínima y con posterioridad criterio y estándar servirían para valorar el programa.

No siempre es tan sencillo establecer criterios y estándares pero su determinación es una precondición para la evaluación. En el pasado —y aún hoy en la gran mayoría de casos— los objetivos de un programa han constituido —constituyen— los criterios básicos con los que juzgarlo. Si dichos objetivos están adecuadamente operacionalizados se dispondrá asimismo de estándares y la evaluación será un proceso relativamente simple y directo.

Ahora bien, muchos programas carecen de objetivos específicos, o simplemente éstos no son operativos; pero es que además puede haber objetivos no expresados en el programa y un programa puede producir consecuencias/efectos no esperados o queridos tanto negativos como positivos.

Por ello se han seguido otros criterios globales de mérito/valor:

— la satisfacción de las necesidades de usuarios y consumidores;
— los efectos del programa tal y como son vistos por el personal técnico, los administradores o los usuarios;
— los factores o criterios a utilizar en el futuro por parte de los que toman las decisiones sobre el programa;
— las necesidades de información de las partes interesadas, y
— las consecuencias/efectos todos del programa.

El modelo de STAKE se centra en las necesidades de los clientes de la evaluación como criterio de valor; el de SCRIVEN, más interesado en la evaluación de productos de consumo, se centra en la satisfacción de las necesidades del usuario/consumidor: SCHUMAN utiliza básicamente los objetivos del programa como criterios de valor.

Pero realmente la única solución, aparte de utilizar todos los posibles efectos de un programa, es utilizar como criterio de valor los objetivos de la evaluación, es decir, las preguntas que tiene que responder dicha evaluación.

Por ejemplo, si se trata de asignar mérito/valor a diferentes marcas de coche dentro de una gama determinada, la perspectiva del consumidor aportará criterios distintos de la perspectiva del fabricante, incluso de las autoridades administrativas, más preocupadas probablemente por la seguridad u otros valores públicos. Pero cualquiera de los tres colectivos puede realizar una evaluación desde su perspectiva, con sus preguntas específicas y por tanto sus propios criterios de valor. La especificación de estos objetivos, preguntas y criterios de valor permite luego comparar resultados de evaluaciones emprendidas desde distintas perspectivas o desde diferentes colectivos o partes interesadas.

La determinación de los criterios de valor tiene que ir seguida por el establecimiento de estándares que pueden provenir de expertos, de la experiencia pasada, de normas legales, de comparaciones con otras alternativas, etcétera. Los estándares permiten determinar qué evidencia empírica constituye prueba objetiva del valor/mérito del programa.

La dificultad básica en el establecimiento de estándares se centra en que en muchos casos no hay una indicación objetiva al respecto. Piénsese, por ejemplo, en las operaciones de salida o retorno de vacaciones organizadas básicamente para evitar y reducir el número de accidentes. ¿Cuántos accidentes deben evitarse para hablar de éxito en la operación? ¿Debería hablarse no de reducción de accidentes sino de reducción de accidentes según el esfuerzo de todo tipo realizado para juzgar el éxito del programa? ¿Habría que hablar de tipo de accidentes además del número de los mismos? Y así otros muchos posibles estándares.

3

Fases en el desarrollo de una evaluación

El diseño y ejecución de la evaluación de programas guarda un gran parecido con el proceso que se sigue en la investigación social aplicada, pero mantiene ciertas peculiaridades importantes de las que quiero resaltar tres por su relevancia en la actualidad.

1) Aunque también en la investigación aplicada un buen planteamiento de la misma presupone una previa familiarización con el objeto de la investigación, en el proceso de realizar una evaluación esta familiarización es absolutamente imprescindible y a un nivel mucho más profundo e intenso.

Dicha familiarización con el programa a evaluar se orienta en dos direcciones clave:

— determinación clara y tajante de los objetivos del proceso evaluativo y por tanto de la evaluación y del tipo de evaluación a realizar, y
— decisión sobre la viabilidad —y conveniencia— de la evaluación.

Cabe que después del proceso de familiarización la decisión sea no realizar la evaluación por no ser ésta viable —no darse las condiciones básicas para la misma— o por estimar que los resultados no serán utilizados, o por otras muchas razones.

2) La peculiaridad de una fase que WHOLEY llama evaluación de la evaluabilidad, que constituye en sí misma una evaluación. Este tipo/fase del proceso será desarrollada más *in extenso* en el capítulo 4.

3) Introducción de las «partes interesadas» en el programa y evaluación dentro del proceso evaluativo aunque el grado de dicha participación está en discusión y existe cierto escepticismo sobre la articulación de la misma. En este sentido, en este capítulo se presentan por separado dos esquemas distintos del proceso de evaluación según participen o no las partes interesadas.

1. Las fases de una evaluación (esquema tradicional)

Como puede verse en el esquema A, la primera fase en cualquier evaluación está constituida por la familiarización con el programa/intervención objeto de la misma.

Dicha familiarización puede conseguirse de muy diferentes maneras, pero lo normal es realizar:

— un análisis de la documentación legal y doctrinal sobre el programa/intervención (decretos, leyes, reglamentos, memorias, etc.), y
— entrevistas con la dirección/administradores del programa.

Fases de una evaluación

ESQUEMA «A»

1. Familiarización con el programa.
2. Decisión sobre la viabilidad de la evaluación.
3. Determinación del tipo de evaluación:

   a) Funcionamiento del programa (implementación/monitorización).
   b) Efecto sobre la sociedad/comunidad (impacto).
   c) Resultados/efectos del programa (resultados).
   d) Consideración de beneficios y costes (coste/beneficio/utilidad).

4. Diseño/proyecto de la evaluación.
5. Recogida de la información.
6. Análisis de datos/informe.

La segunda fase consiste en un doble proceso cuyo producto final es la decisión sobre la viabilidad/posibilidad de hacer la evaluación. Este doble proceso implica:

— unas decisiones preliminares sobre aquellas personas que encargan la evaluación, y
— una evaluación de la evaluabilidad del programa/intervención.

En el primer proceso se intenta dar respuesta a una serie de cuestiones previas para realizar un buen diseño evaluativo:

— quiénes son las «partes interesadas» en el programa y en la evaluación y quién o quiénes quieren/buscan realmente la evaluación;

— razones/motivos para llevar a cabo la evaluación;
— cuándo se quiere la evaluación;
— recursos disponibles, y
— qué respuestas se quiere que dé la evaluación, lo que determinará el tipo que deba llevarse a cabo.

Realmente en este primer proceso se pretende no sólo ayudar a las personas que quieren la evaluación en la formulación de sus interrogantes y sus objetivos sino también asegurarse de que los objetivos de la evaluación no son objetivos ocultos, que los resultados de la evaluación van a ser utilizados y, finalmente, determinar los condicionantes esenciales del diseño evaluativo (tiempo y recursos).

La evaluación de la evaluabilidad es un tipo específico de evaluación desarrollado dentro de una tradición/modelo/perspectiva evaluadora determinada (J. S. WHOLEY). Por ello puede pensarse que sólo es admisible en esa perspectiva y no cuando se adopta un modelo diferente, por ejemplo una evaluación cualitativa o una evaluación libre de objetivos.

Sin embargo, la idea de evaluar hasta qué punto un programa/servicio es evaluable, implica una familiarización más en profundidad con el mismo a través de:

— análisis de documentos legales;
— observación participante informal *in situ*, y
— entrevistas con responsables del programa, incluidos los que encargan la evaluación.

Esto es general a cualquier tipo/modelo/perspectiva evaluadora.

Evidentemente esta fase del planeamiento de una evaluación es más amplia que la simple pregunta «¿Es evaluable el programa?». Implica que uno de los resultados de la misma tiene que ser necesariamente dar respuesta a este interrogante. Desde una perspectiva tradicional esto significa contestar afirmativamente a una serie de preguntas:

• ¿Está bien definido el programa?
• ¿Se ha implementado adecuadamente?
• ¿Están bien definidos los objetivos y efectos esperados?

Pero también esta fase incluye la determinación del/de los objetivo/s de la misma, lo que significa no sólo determinar qué tipo exacto de evaluación se pretende, sino de un modo general si se busca una evaluación encaminada a dar respuesta a un imperativo legal o a un consejo director (en cierto modo una auditoría), si el objetivo básico es que los resultados de la evaluación sirvan para tomar decisiones sobre cambios/mejoras del programa, si se trata ante todo de lograr conocimientos básicos o si se persigue cualquier otro fin/objeto.

De un modo más concreto, la delimitación de los objetivos de la evaluación entraña al menos dos dimensiones distintas:

1) Una dimensión de la utilización que vaya a tener dicha evaluación —auditoría, para la gestión, etcétera.
2) Otra dimensión del contenido específico de la evaluación, es decir, del tipo de preguntas a las que se busca dar respuesta:
   — ¿Se está cubriendo adecuadamente la población necesitada? ¿Cuál es el grado de cobertura?
   — ¿Qué tipo de servicios se ofrecen y a qué nivel?
   — ¿Cuál es el resultado/efecto del programa?, etcétera.

De este modo, el tipo de evaluación a realizar no se deja ni a la voluntad del evaluador ni a la del que encarga la evaluación, puesto que durante esta primera fase hay una interacción entre ambos.

El evaluador puede aclarar al «cliente» las dificultades de desarrollar una evaluación coste-beneficio sin previamente haber realizado una evaluación de resultados o de realizar una evaluación de resultados sin previamente haber hecho un análisis de la implementación. Del intercambio de información entre cliente y evaluador surge de este modo un acuerdo sobre objetivos específicos.

Una vez reunida toda esta información sobre el programa, objetivos de la evaluación, etc., hay que delimitar de un modo exacto el tipo de evaluación que se va a llevar a cabo.

Un modelo esquemático para delimitar los contenidos de la evaluación sería el que puede verse en la página siguiente (adaptado de E. J. POSAVAC y R. G. CAREY, 1985).

La cuarta fase consiste en la redacción del proyecto/diseño de evaluación que tiene que incluir al menos:

— objetivos y alcance de la evaluación;
— diseño y técnicas de recogida de datos y análisis;
— presupuesto y tiempo de ejecución;
— delimitación del rol del evaluador y del cliente, y
— plan de intercambio entre ambos.

Dos aspectos requieren un análisis específico dentro de esta fase: Diseño y Recogida de la información y medición.

ESQUEMA PARA DELIMITAR LOS CONTENIDOS DE LA EVALUACIÓN

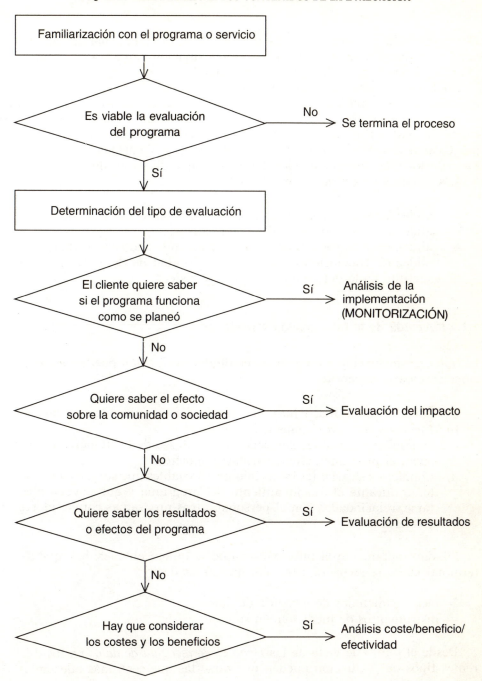

1.1. Diseño

El diseño de la evaluación intenta dar respuesta al cómo, cuándo, cuántas veces y en qué grupos debe recogerse la información y qué tipo de análisis realizar para conseguir de un modo adecuado los objetivos de la evaluación.

Cuál sea el diseño más adecuado depende no sólo de los objetivos de la evaluación, sino también del tipo de evaluación que se quiera llevar a cabo.

Aunque con matizaciones que veremos al presentar en capítulos posteriores diferentes tipos de evaluación, los criterios de validez desarrollados por CAMPBELL y STANLEY, CAMPBELL y REICHART y CAMPBELL y COOK son los criterios más apropiados para lograr un buen diseño evaluativo.

Los criterios de validez utilizados son:

— validez interna: posibilidad de establecer conexiones causales;
— validez externa: posibilidad de generalizar;
— validez de constructo: adecuación de los indicadores y mediciones;
— validez de conclusión estadística: posibilidad de detectar efectos y exactitud en la detección (fiabilidad y poder).

1.2. Recogida de la información y medición

El tipo de información a obtener en cualquier evaluación puede sistematizarse en cuatro categorías:

a) Sobre el programa, y más en concreto los componentes del mismo.
b) Efectos y objetivos/metas del programa.
c) Condiciones/variables antecedentes: contexto de la situación en que opera el programa, clientes/usuarios, etcétera.
d) Condiciones/variables intervinientes: variables que surgen en el contexto durante el funcionamiento del programa y que pueden afectarse, relacionadas con el personal, otros programas competidores, etcétera.

Fijada exactamente la información que se quiere obtener, hay que determinar cómo se recogerá esta información, es decir:

— técnicas/métodos de recogida de datos;
— instrumentos de medición, en su caso.

Desde el punto de vista de las *técnicas de recogida de datos* en los diferentes tipos de evaluación pueden utilizarse las que sean más adecuadas.

De hecho, en la mayoría de las evaluaciones se utilizan diferentes/múltiples técnicas complementarias.

Cabría preguntarse cuáles son las técnicas más usualmente utilizadas para cada tipo de evaluación y también si existen imperativos lógicos que relacionen determinados tipos de evaluación y determinadas técnicas.

Más adelante, al profundizar en cada tipo de evaluación, desarrollaré esta cuestión más detalladamente; sin embargo, hay que mencionar que existen ciertos imperativos lógicos que relacionan ciertas técnicas y ciertos tipos de evaluación.

En el caso de la *evaluación de las necesidades* los indicadores sociales, la encuesta y el recurso a expertos son las técnicas más adecuadas.

La *evaluación de la evaluabilidad* requiere un análisis de documentos, complementado por entrevistas en profundidad y/u observación *in situ*.

El *análisis de la implementación* se realiza utilizando bien sistemas de datos recogidos por el personal del programa bien mediante observación sistemática y/o participante y encuestas a los usuarios/beneficiarios.

El *análisis de resultados* requiere técnicas que controlen al máximo los factores que hacen inválido internamente un estudio, es decir, experimentos o cuasiexperimentos. Sin embargo, los modelos causales —ecuaciones estructurales— están siendo cada vez más utilizados porque un control *a posteriori* bien hecho permite obtener resultados válidos internamente.

La *evaluación del impacto* utiliza ante todo indicadores sociales imbricados en modelos de ecuaciones estructurales y por último el *análisis coste beneficio* utiliza técnicas económicas propias.

En lo que respecta a los instrumentos de medición, éstos se encuentran fuertemente condicionados por el tipo de técnica de recogida de datos que se vaya a utilizar. En cualquier caso, estos instrumentos de medida se seleccionarán o se elaborarán de modo que respondan al tipo de información que se quiere recoger, además deberán de tener las características de adecuación de cualquier instrumento de medición, sobre todo

— la fiabilidad, y
— la validez.

La quinta fase es la ejecución de la evaluación de acuerdo con el plan previsto adoptando las modificaciones necesarias conforme surgen problemas en dicha ejecución. La realización de la evaluación se concluye en último término con un informe de resultados.

2. Las fases de una evaluación (esquema participativo)

La evaluación, aunque tiene que ser lo más rigurosa posible —lo más científica posible— no es investigación básica. De aquí que la mayoría de las evaluaciones introduzca normalmente en las diferentes fases las dimensiones de:

— participación de los decisores e interesados en la evaluación (partes interesadas);
— utilización de los resultados de la evaluación en la modificación o terminación del programa, en una palabra, en la toma de decisiones.

Cuando el movimiento evaluador comenzó a estar de moda en los años 70 se daba por supuesto que:

— los decisores (Administración Pública, políticos, etc.) estaban interesados en evaluar los programas e intervenciones que gestionaban o habían ayudado a crear;
— que este interés, junto con la rigurosidad de los sistemas empleados en el diseño, recogida de datos y análisis de las evaluaciones, se traduciría de forma automática en la utilización de los resultados de la evaluación en la subsiguiente y correspondiente toma de decisiones sobre los programas.

Por eso el proceso de evaluación no recogía de un modo explícito ni la *participación* de las personas que habían encargado el programa o de las partes interesadas en el programa, ni se hacía un esfuerzo especial en orientar la evaluación hacia su *posterior utilización* facilitándola y promocionándola.

Cuando después de sucesivos esfuerzos gigantescos de evaluación se constató que la realidad era muy otra, la reacción de la comunidad de profesionales/evaluadores fue inmediata. *En primer lugar* se redefinió la evaluación como un proceso encaminado a facilitar la toma de decisiones proporcionando información rigurosa. De este modo los estándares de esta comunidad propusieron no realizar evaluaciones si de las mismas no se derivaba alguna actuación; en una palabra, si se preveía que no iban a ser utilizadas.

En segundo lugar surgieron nuevos modelos, enfoques, perspectivas que incorporaban dentro del procedimiento evaluador las dos preocupaciones —participación de decisores y utilización de la evaluación.

En este sentido resultan paradigmáticos tanto el modelo de R. STAKE de «evaluación responsable» como el de M. Q. PATTON de evaluación dirigida a la utilización.

R. STAKE insiste en que la evaluación tiene que proporcionar a la «audiencia» (los que la encargan) la información que ésta necesita. Tiene que estudiar los problemas, pautas o aspectos que la «audiencia» estima valiosos, importantes y relevantes. El hincapié en estos aspectos no altera el flujo (proceso/fases) de una evaluación pero sí cambia el énfasis y contenido de cada fase, de modo que la identificación de los problemas (objetivos) a través de entrevistas en profundidad con la «audiencia» y una diversidad de métodos para llegar a consenso toma preeminencia sobre otras fases. Así toma relevancia el constante flujo de perspectivas, juicios, comentarios de los participantes en el programa (gestión, *staff*, usuarios) a lo largo del proceso evaluativo.

M. Q. PATTON refuerza aún más el carácter aplicado/pragmático de la evaluación; en su modelo orientado a la utilización, las fases normales de una evaluación quedan minimizadas mientras que desarrolla considerablemente aquellos aspectos relacionados tanto con la participación de las «partes interesadas» como con la utilización de los resultados.

El esquema B es una adaptación libre de la propuesta de PATTON, pero recoge también ideas y formulaciones de otros evaluadores.

La idea clave es la introducción de la participación en el proceso evaluador de las «partes interesadas» en el programa y/o evaluación. Esta participación tiene lugar a lo largo de todo el proceso evaluador, pero se centra sobre todo en:

a) las fases previas al diseño de evaluación en las que:

- se identifica a las partes interesadas, y
- se forma un grupo de trabajo encargado junto con el evaluador de identificar las preguntas y problemas, es decir, los objetivos de la evaluación, así como las posibles vías de utilización de las respuestas a estas preguntas y problemas.

b) la fase de análisis de la información recogida y, sobre todo, en la redacción del informe de resultados y previsión de su utilización.

La idea latente en estos nuevos modelos o enfoques es la misma: *integrar en el propio estudio evaluativo a las partes interesadas en la evaluación de modo que sea más probable la posterior utilización de sus resultados.* Las diferencias entre los distintos modelos surgidos en los años 80 estriban en la definición restringida o amplia de «partes interesadas» y en la forma específica en que éstas toman parte en el estudio evaluativo.

En la evaluación multiatributo de EDWARDS la primera fase consiste precisamente en identificar quiénes son las partes interesadas, implicándoles de lleno en el proceso evaluador; en las evaluaciones que toman como modelo los procesos judiciales el proceso es asimismo el de identificación de las partes interesadas e implicación de éstas en la evaluación.

En ambos casos el evaluador se convierte en un moderador, conductor y organizador; las propias partes interesadas con su trabajo llevan a cabo *de hecho* la evaluación, aunque es evidente que la labor técnica del evaluador es imprescindible.

Los presupuestos de estos «nuevos» enfoques son bastante evidentes y no necesariamente ciertos:

1. Que las partes interesadas pueden ser identificadas antes del estudio evaluativo.
2. Que éstas quieren/desean el estudio evaluativo y quieren participar en él.
3. Que la participación en un estudio evaluativo les motivará para aceptar los resultados.
4. Que el subgrupo de partes interesadas que tengan poder de decisión utilizarán los resultados como parte de su toma de decisiones.

Todos estos presupuestos son, cuando más, deseables, aunque no se dan necesariamente en la realidad. La *identificación* de las partes interesadas no es muy difícil aunque puede resultar complicado en algunos casos y complicado lograr representantes adecuados de todos los grupos interesados. En la evaluación de un centro ocupacional para minusválidos psíquicos se pueden identificar al menos los siguientes grupos interesados:

— autoridades burocráticas/políticas en los distintos niveles administrativos, nacional, autonómico y local;
— la dirección y personal del centro;
— los usuarios/beneficiarios del mismo;
— sus familiares, tutores, etc.;
— los habitantes del municipio donde esté localizado el centro, y
— los parados.

Más difícil resulta encontrar un mecanismo de *representación* adecuado para todos los grupos, sobre todo aquellos con amplios efectivos.

¿Cómo poder constatar *a priori* que todos estos grupos están de acuerdo en llevar a cabo un estudio evaluativo y a participar en él? De hecho, la situación es más bien la contraria: la mayoría de los grupos especificados no están interesados en que se lleve a cabo una evaluación y, siendo éste el caso, pueden estar interesados en participar en la misma con el ánimo de controlarla y dirigirla en su propio beneficio.

Tampoco se debe dar por sentado que los interesados van a estar de acuerdo con los resultados y/o los van a utilizar en su toma de decisiones.

Resulta evidente, sin embargo, que hay que introducir en el planeamiento de la evaluación mecanismos para tener en cuenta e implicar en la misma a los grupos interesados y también mecanismos que aumenten la probabilidad de utilización de los resultados, sin caer en la ingenuidad de creer que la mera participación de estos grupos de intereses sea la solución a estos temas.

Fases de una evaluación

ESQUEMA «B»
(Adaptado de M. Patton)

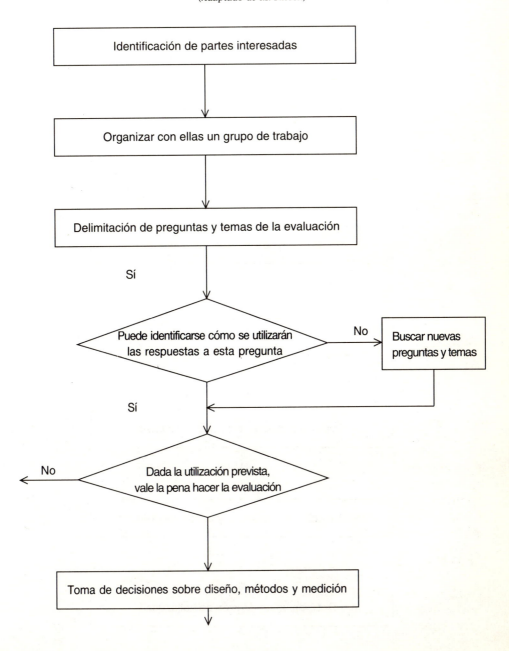

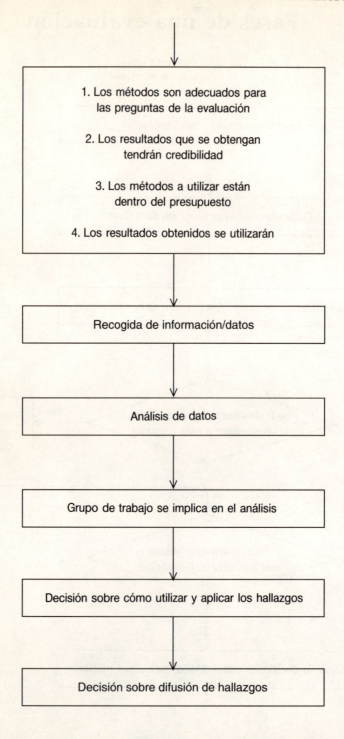

1. Los métodos son adecuados para
   las preguntas de la evaluación

2. Los resultados que se obtengan
   tendrán credibilidad

3. Los métodos a utilizar están
   dentro del presupuesto

4. Los resultados obtenidos se utilizarán

Recogida de información/datos

Análisis de datos

Grupo de trabajo se implica en el análisis

Decisión sobre cómo utilizar y aplicar los hallazgos

Decisión sobre difusión de hallazgos

4
Tipos de evaluación. Las preguntas de una evaluación

Probablemente una de las características actuales más frustrantes de los manuales y libros técnicos sobre evaluación lo constituye la diversidad de términos que se utilizan para distinguir tipos de evaluación. Algunos autores que se han dedicado de un modo informal a recoger todos los que aparecen aquí y allá listan más de 30 tipos o acepciones diferentes de qué sea una evaluación.

En gran parte esta diversidad no es real sino que es terminológica, de modo que muchos términos se solapan o simplemente añaden pequeños matices a otros ya existentes. En cualquier caso conviene hacer un repaso a los términos más utilizados, aunque sea somero. La razón es simple e importante: el tipo de evaluación que se realice está relacionado tanto con las preguntas clave a las que quiere dar respuesta una evaluación, como con los objetivos de ésta y, por tanto, con los criterios de valor a utilizar.

Tipos de evaluación, preguntas, objetivos y criterios de valor además de estar interrelacionados condicionan (casi determinan) el diseño de la evaluación.

1. Algunos tipos de evaluación

Quizá el más antiguo, que aún persiste, sistema de evaluación es el sistema de *acreditación* por el que el reconocimiento de un centro u organización se concede si éste cumple una serie de criterios mínimos prefijados. En el caso de un centro educativo estos criterios mínimos pueden referirse a ratios profesor/alumno, número de alumnos por aula, razón entre clases prácticas y teóricas, cualificación del profesorado, etc. En el caso de los hoteles, por ejemplo, o restaurantes, el número de estrellas y la categoría se otorga en función de criterios de metros cuadrados por habitación, materiales utilizados, servicios ofrecidos a los clientes, etcétera.

Este tipo de evaluación es relativamente directo a través de una inspección renovable periódicamente y contrastación de la misma con los estándares mínimos fijados.

La dicotomía evaluación *sumativa/formativa* enunciada en su día por M. SCRIVEN se ha incorporado plenamente como un barbarismo anglosajón más a nuestro acervo lingüístico. Una evaluación es formativa si su finalidad es ayudar en la puesta en marcha de un programa, en su buen funcionamiento, en su modificación en caso de ser necesario; una evaluación es sumativa si se pretende simplemente juzgar un programa con la intención de mantenerlo o hacerlo desaparecer.

Otra dicotomía muy usada es la evaluación *externa/interna*, según donde se sitúe el evaluador, si dentro del programa o se trate de un evaluador externo al mismo programa. La importancia de esta dicotomía radica en los problemas de objetividad y de mejor utilización de los resultados de la evaluación que cada uno de los dos tipos llevan parejos.

Siguiendo con las dicotomías, frente al clásico modelo de *evaluación mediante objetivos* se acuñó la evaluación *libre de objetivos o sin objetivos*. En ambos casos los objetivos hacen referencia al programa a evaluar y no a la propia evaluación, que sí que tiene unos objetivos concretos. En el caso de la evaluación libre de objetivos se rompe con el condicionamiento que imponen a la evaluación los objetivos formales/legales de un programa y se utilizan todos los posibles efectos/consecuencias del programa y no sólo los queridos o buscados.

Dentro de esta idea de efectos/consecuencias de un programa cabe distinguir entre evaluación *de resultados* —cuando se analizan los efectos sobre los usuarios/beneficiarios/población objeto del programa— y evaluación de *impacto* —cuando el análisis se hace sobre los efectos/consecuencias sobre la comunidad en general y no sólo sobre la población objeto. De alguna manera, al igual que la evaluación libre de objetivos extiende el análisis a todo posible efecto o consecuencia, la evaluación de impacto amplía la población a analizar rebasando la población objeto del programa.

Cabe también hablar de evaluación de la *efectividad o eficacia* de un programa frente a la evaluación de *la eficiencia*. La evaluación de la efectividad se centra en si el programa ha conseguido o no los efectos que se buscaban, mientras que la evaluación de la eficiencia de un programa busca el logro de los objetivos al menor coste posible.

La *evaluación económica* de un programa se plantea en tres subtipos distintos:

— el *análisis coste/beneficio,* donde tanto el coste del programa como los efectos del mismo se miden en términos monetarios;
— el *análisis coste/efectividad*, en el que sólo el coste se mide en términos monetarios, mientras que los resultados se miden de otra forma;
— y el *análisis coste/utilidad* en donde los resultados/efectos se miden en una escala, normalmente subjetiva, de utilidad.

También se habla en la literatura especializada de la *evaluación orientada hacia la toma de decisiones* o *focalizada en la utilización* según sea el objetivo de la evaluación.

Las evaluaciones *del esfuerzo, del proceso, del producto, y del desempeño/funcionamiento* hacen referencia a diferentes aspectos de la puesta en marcha del programa; puede ser el esfuerzo de todo tipo que se pone en el programa (todo tipo de recursos), el conjunto de actividades que componen el programa (proceso), el producto final del programa y el funcionamiento normal/cotidiano del mismo. Todos estos tipos de evaluación normalmente se recogen dentro de lo que se llama seguimiento o monitorización del programa.

Por último hay que mencionar la evaluación *del personal*, centrada en la cualificación del personal del programa, la evaluación de la *cobertura*, es decir, el alcance del programa en relación a la población objeto; la evaluación de *necesidades* centrada en la caracterización del problema o problemática que se quiere solucionar mediante una intervención social y la evaluación mediante *indicadores sociales* que hace referencia a la metodología a emplear en la evaluación.

Existen muchos más términos o tipos de evaluación pero no tiene mucho sentido en este manual seguir analizándolos; conviene, sin embargo, advertirlo, porque algunos de los tipos de evaluación llevan a la confusión. Por ejemplo, se habla también de la evaluación de la *calidad* de un programa, pero resulta difícil definir qué es la calidad en un programa utilizándose en estos momentos como una mezcla de otros tipos de evaluación ya mencionados.

1.1. Hacia una tipología de evaluaciones

En la evaluación de programas de intervención social el nivel de desarrollo que tenga el programa condiciona el tipo de evaluación a realizar, siendo por tanto uno de los posibles criterios para el establecimiento de una tipología.

Así, en la etapa de planeamiento del programa la evaluación de necesidades y el análisis evaluativo de la conceptualización y diseño constituyen el eje de las posibles evaluaciones, aun cuando cabría hablar de simulación o de prueba experimental del programa.

Cuando el programa se pone en marcha pero lleva poco tiempo funcionando, la evaluación de la implementación, de la cobertura, etc., constituyen las evaluaciones más adecuadas, aunque claramente ya se puede hablar de evaluación de resultados y económica.

Por último, cuando el programa lleva tiempo funcionando lo lógico es centrarse en la evaluación de resultados, impacto, económica y en el propio seguimiento del funcionamiento del programa.

Aunque ciertamente el grado de desarrollo de un programa condiciona el tipo de evaluación a realizar, creo que es mejor utilizar un criterio analítico/lógico en el establecimiento de una tipología. Desde este criterio se pueden distinguir *nueve tipos distintos de evaluación* que en ciertos casos guardan una relación de tipo jerárquico al estilo de un escalograma de GUTTMAN. Veamos estos nueve tipos en un repaso general.

1.1.1. Evaluación de necesidades

La evaluación o diagnóstico de necesidades es el primer paso racional en el desarrollo de un programa o intervención.

Tiene como objetivo analizar el *volumen* y *características* esenciales del problema que la intervención quiere solucionar. En los últimos años la literatura específica sobre este tipo de evaluación incluye asimismo la sugerencia de modos/sistemas de solucionar el problema en cuestión; no necesariamente un programa, sino la(s) idea(s) clave(s) para enfrentarse al problema.

Debe insistirse en que el objetivo esencial es conocer el alcance del problema y sus características básicas para poder hacerle frente. Por ejemplo, el Plan Nacional contra la Droga tuvo su basamento empírico en una serie de estudios sobre el consumo de drogas y la drogadicción. Se identificaron no sólo el volumen del consumo y de drogadicción sino también el tipo de droga consumida, el tipo de abuso y consumo, la distribución geográfica, los factores de riesgo, etcétera.

El problema esencial en una evaluación de necesidades es la definición de necesidad. Normalmente se define la necesidad como la diferencia/desfase entre lo que es y lo que debería ser. Ahora bien, este *deber ser* puede ser de muy diferentes clases; deber ser normativo/legal, deber ser normal, deber ser de expectativas, etcétera.

Con ánimo de ilustrar el problema pero no de resolverlo, piénsese en el ejemplo anterior de la drogadicción. El ser es simplemente la situación existente en cuanto al consumo/abuso de drogas, pero ¿cuál es el deber ser? En la actualidad en España el consumo de las llamadas drogas ilegales no está prohibido por ley, luego si adoptamos un deber ser normativo/legal habría que estudiar/analizar el desfase entre la situación actual y ¿el abuso?, ¿o simplemente analizar el tráfico de drogas?, ¿o los problemas sanitarios?

Si en vez de escoger el deber ser legal se cogiera el deber ser social parece claro que la necesidad o desfase se produciría como diferencia entre la situación actual y el no consumo, puesto que la norma social general lo que dicta es el no consumo de drogas ilegales.

Una exposición adecuada de la metodología de la evaluación de necesidades requeriría dedicar este manual introductorio —y más— a la misma. Sin embargo, cabe señalar que la evaluación de necesidades suele recurrir básicamente a tres grandes tipos de metodología de recogida de información para establecer las necesidades existentes:

1. Utilización de estadísticas y datos secundarios incluyendo censos y datos de archivo de programas/servicios ya en funcionamiento.
2. Recurso a encuestas a la población en general, a la población objeto o a expertos.
3. Utilización de diferentes técnicas de grupo incluyendo grupos nominales, el método Delphi y el foro comunitario.

El tipo de metodología utilizado favorece el cumplimiento de unos u otros objetivos; así, la utilización de técnicas de grupo permite llegar a la propuesta de soluciones en mayor medida que con los otros métodos, las encuestas a la población permiten conocer mejor el alcance real del problema, mientras que la utilización de estadísticas y datos secundarios es el sistema más rápido y económico.

1.1.2. Evaluación del diseño/conceptualización del programa de intervención

Es evidente que el diseño de un programa no es algo que competa a los evaluadores pero éstos pueden señalar problemas conceptuales preexistentes simplemente mediante un análisis lógico del programa en relación al problema que quiere solucionar.

El análisis evaluativo se centra en:

— la población objeto y los posibles problemas de cobertura, y
— el conjunto de actividades que constituyen el programa incluidos los recursos asignados al mismo.

En este último caso el tema clave es la existencia o no de un modelo de intervención suficientemente contrastado que permita esperar los resultados que se quieran lograr con el programa.

Normalmente la investigación básica realizada en las ciencias sociales es la fuente de inspiración de los modelos de intervención, pero, claro está, no siempre existe suficiente investigación básica previa para desarrollar un modelo de intervención adecuado. Éste es el caso de las diferentes «soluciones» existentes hoy para la «curación» de la drogadicción.

En muchos casos un simple análisis del programa permite señalar fallos en el modo de aproximarse a la población objeto, por ejemplo, inadecuada localización de centros, inadecuada información, etc., o en el modo como se plantean las actividades que desarrollan el programa.

Un ejemplo claro de este último caso es el Plan Nacional de Formación de Personal Investigador que no prevé adecuadamente el establecimiento de una relación estrecha entre el profesorado/investigador y el personal a formar, sino que más bien proporciona una cierta financiación al futuro investigador dejándole en cierto modo a su libre funcionamiento. En gran medida, este plan incide en un error típico de la programación de intervenciones consistente en diseñar la intervención pensando en personal muy cualificado, muy motivado o con unas condiciones atípicas de interés y dedicación.

1.1.3. Evaluación de la evaluabilidad

La experiencia evaluadora de otros países ha puesto de relieve que un previo análisis de la capacidad de evaluar un programa evita esfuerzos y gastos innecesarios, pues más del 50 % de los programas no son evaluables por tener problemas de especificación de objetivos, problemas de implementación, problemas de aplicación de un conjunto coherente de actividades, etc., o todo ello conjuntamente.

Por esto J. S. WHOLEY planteó hace ya años la necesidad de evaluar la evaluabilidad de un programa como paso previo formalizado que evite gastos y esfuerzos innecesarios.

En el capítulo siguiente se hace un análisis más detallado de la evaluación de la evaluabilidad; por eso aquí baste con señalar cuál es su objetivo —ver la posibilidad de evaluación de un programa— y señalar que normalmente se utilizan dos metodologías sucesivamente:

— el análisis documental y entrevistas personales con los diseñadores del programa (el programa sobre el papel), y
— el análisis de la realidad empírica (el programa en la realidad).

La profundización del último aspecto enlaza y se solapa con un cuarto tipo de evaluación: la evaluación de la implementación.

1.1.4. La evaluación de la implementación

Uno de los aspectos clave de un programa de intervención es su instrumentalización, es decir, su puesta en práctica siguiendo los esquemas teóricos previamente fijados.

Un programa puede no conseguir los efectos deseados/buscados debido simplemente a que no se ha puesto en marcha, no funciona tal y como se había diseñado previamente. En esto consiste la evaluación de la implementación, que, como dije antes, es realmente un subproducto de la evaluación de la evaluabilidad y en cierta medida ambos tipos se solapan.

La evaluación de la implementación se desarrolla sencillamente en un proceso de tres fases:

1. Descripción resumida de qué es lo esencial en un programa de intervención según los textos legales y documentos previos al mismo.
2. Recogida empírica de información sobre estos elementos clave que constituyen el programa, cómo se aplican, cómo funcionan, etcétera.
3. Comparación del programa en sus partes constitutivas esenciales tal y como estaba diseñado en la teoría y tal como funciona realmente deduciendo si la implementación es o no adecuada.

El resultado último puede ser sencillamente contrastar que hay discrepancias entre el diseño y la realidad y adaptar una de las dos a la otra, es decir, redefinir el programa o lograr su adecuada implementación.

En la evaluación de la implementación de un programa/intervención, aparte del método de recogida de información, los dos aspectos clave son:

a. La adecuada selección de cuáles son las actividades —o cosas— que constituyen y definen realmente el programa separando lo que es esencial y definitorio de lo que es accesorio.
b. La fijación de una muestra de momentos, de unidades de análisis y de lugares para llevar a cabo la recogida de información sobre las actividades, de modo que esta información tenga validez externa.

1.1.5. Evaluación de la cobertura

Un programa de intervención consiste esencialmente en un conjunto de actividades a aplicar a una población objeto. Por tanto, un método de evaluar un programa consiste en analizar hasta qué punto llega a la población objeto del mismo.

Se trata no sólo de calcular la tasa de cobertura —el porcentaje de la población objeto afectada por el programa— sino también de analizar si existe sesgo en la cobertura y efectuar, asimismo, un análisis de las barreras y de la accesibilidad al programa.

El posible sesgo de cobertura queda ejemplarizado en el caso del programa de televisión «Barrio Sésamo». Originariamente esta serie televisiva se concibió para reducir el desfase lingüístico existente entre las minorías —negros, chicanos, etc...— y la mayoría blanca angloparlante de Estados Unidos. Sin embargo, parte del fallo en la consecución de este objetivo básico —de reducción de la diferencia lingüística entre minorías y mayoría— se debió a una sobrecobertura puesto que no se pudo evitar que los niños/adolescentes de la mayoría blanca angloparlante siguieran el programa en televisión, con lo que el desfase no se pudo reducir.

Éste es un ejemplo de sobrecobertura, pero lo normal es que haya infracobertura —sólo llegue el programa a parte de la población objeto— o sesgo en la cobertura de manera que también llegue el programa a personas que no forman parte de la población objeto o que sólo llegue a una parte de la población objeto que tenga determinadas características.

Dentro de la evaluación de la cobertura resulta clave el análisis de la accesibilidad del programa estudiando:

— el conocimiento del mismo por parte de la población objeto;
— la accesibilidad física, y
— la aceptación del programa (accesibilidad psíquica o motivacional).

entre otras posibilidades.

1.1.6. Monitorización y seguimiento del programa

Dentro de esta rúbrica reúno todos los tipos de evaluación —de proceso, del esfuerzo, del desempeño, del producto, de la calidad...— que normalmente se llevan a cabo cuando se realiza una evaluación continuada de un programa/intervención desde dentro utilizando una recogida de información continuada con el objetivo esencial de gestionar y dirigir adecuadamente el programa.

Existe asimismo un capítulo dedicado a este tipo de evaluación; aquí basta con señalar que requiere en principio:

1. Establecer el tipo de información —en forma de indicadores— a recoger para la evaluación que se quiere hacer.
2. Elaborar un sistema de información normalmente informatizado que recoja con la periodicidad deseada dichos indicadores.
3. El análisis periódico de la información para evaluar el esfuerzo realizado, la productividad del personal técnico, la calidad del programa, etcétera.

La monitorización exige por tanto:

— un sistema de indicadores;
— unos soportes documentales donde se recoja la información necesaria para elaborar dichos indicadores;
— un sistema de información informatizado, y
— una metodología adecuada de análisis periódico de la información recogida.

1.1.7. Evaluación de resultados

Coincide este tipo de evaluación con el modelo de evaluación mediante objetivos, es decir, se trata de analizar el grado en que el programa consigue los resultados buscados. Sin embargo, no existe ninguna razón para no poder evaluar resultados no queridos o buscados, es decir, para realizar una evaluación de resultados utilizando todas las consecuencias, previstas o no, que tenga el programa. La única condición es la identificación previa de estos posibles efectos/consecuencias.

La clave de la evaluación de resultados estriba en la atribución unívoca de los efectos —o no efectos— al programa o intervención. Por eso se encuentra en el criterio de validez interna tal y como se verá en el siguiente capítulo.

Evaluación de resultados es sinónimo de evaluación de la efectividad, o de la eficacia de un programa puesto que en los tres casos se trata de lo mismo: recoger información concluyente sobre si el programa está o no consiguiendo los resultados esperados. La pregunta es, por tanto, doble:

— ¿Se están consiguiendo los resultados buscados?
— ¿Estos resultados son achacables al programa con un grado de certidumbre razonable?

1.1.8. *La evaluación de impacto*

No es evidente en la literatura especializada la separación y diferenciación entre evaluación de resultados y evaluación de impacto, quizá porque la metodología de ambos tipos de evaluación es muy similar y lo único que les diferencia es en qué tipo de población se realiza el análisis de los efectos o resultados del programa.

En el caso de la evaluación de resultados se trata de establecer cuáles son los resultados del programa sobre la población objeto del mismo, o más exactamente sobre los usuarios/beneficiarios del programa; mientras que en la evaluación del impacto se trata de analizar los efectos del programa sobre una población más amplia: la comunidad o pueblo, personas asociadas a los usuarios, etc. Un ejemplo español pone de relieve lo difícil que es efectuar la distinción en la realidad española.

En una evaluación efectuada por el autor de este manual de los Centros Ocupacionales para minusválidos psíquicos del INSERSO, los resultados esperados centrados en los usuarios se relacionaban con la integración de los minusválidos en una vida normal a través del trabajo. Se trataba de lograr que los minusválidos psíquicos aumentaran su autonomía, fueran capaces de aprender un oficio, llegaran incluso y en último extremo a poderse integrar laboral y socialmente en la sociedad no minusválida.

Pero los habitantes de los pueblos donde están localizados los centros (en algunos casos) señalaban que para obtener trabajo —en un mercado laboral escaso— lo único que había que hacer era tener una minusvalía psíquica. En este segundo caso, de profundizar en este tema, y también en el problema de la posible competencia desleal que introducían los productos fabricados por los minusválidos psíquicos en los centros ocupacionales, se estaría entrando en una evaluación de impacto.

Resulta evidente que si la evaluación se lleva a cabo teniendo en cuenta *todos* los posibles efectos del programa, y no sólo los queridos o previstos, evaluación de resultados y de impacto se confundirán en un solo tipo de evaluación.

1.1.9.   La evaluación económica

En este tipo de evaluación el análisis se centra en el coste del programa en relación a los resultados que éste consigue. El problema básico no suele estar en el lado de la investigación del coste del programa sino en el lado de la monetarización de los resultados. Por ello, en ciencias sociales resulta más fácil utilizar el análisis coste/efectividad o coste/utilidad que el análisis coste/beneficio.

Resulta difícil por ejemplo dar valor económico a la rehabilitación de un drogadicto o al aumento de conocimientos en una profesión determinada mediante el desarrollo de un seminario de formación.

Parte de los diferentes tipos de evaluación reseñados (evaluabilidad, implementación, resultados, impacto, económica) forman un escalograma de GUTTMAN, de modo que no tiene sentido realizar un análisis coste/beneficio si antes no se ha llevado a cabo un análisis de resultados —se ha demostrado que un programa es efectivo, tiene un efecto específico. Del mismo modo esta demostración —la atribución de unos determinados resultados o efectos a un programa— requiere la comprobación de que el programa está funcionando como se había diseñado, pues si no la atribución no será unívoca.

Puesto que el programa/servicio social está en marcha se debe asumir que previamente se ha realizado una evaluación de necesidades, lo que ciertamente no es siempre el caso. Al preparar un plan de evaluación de un programa este tipo de evaluación no es necesario; es necesario antes de poner en marcha y diseñar un programa.

Ahora bien, si el programa que vamos a evaluar no ha contado previamente con una evaluación de las necesidades, la evaluación del programa será más incompleta, más difícil de realizar. Un análisis del impacto del programa o un análisis de la población usuaria del programa (cobertura del programa) no serán posibles o en cualquier caso serán más difíciles.

La evaluación del impacto del programa/servicio sobre la comunidad/sociedad o sobre otros grupos sociales distintos del usuario/beneficiario del mismo, es una continuación lógica de la evaluación de resultados, pero no es una consecuencia necesaria de la misma. Normalmente cualquier evaluación de resultados incluye algo de la evaluación del impacto social pero no de una manera sistemática ni como tal evaluación de impacto.

Del mismo modo, la evaluación coste/beneficio debería:

— ser una necesaria consecuencia de la evaluación de resultados, e
— ir siempre precedida de un previo análisis de resultados;

pero ninguna de las dos condiciones se da habitualmente. Es posible —y normal— realizar un análisis coste/beneficio sin plantear para nada una evaluación de resultados y al revés.

Las razones de la no jerarquización de los diferentes tipos de evaluación y del hecho de que normalmente no se lleven a cabo evaluaciones comprensivas implicando todos los tipos de evaluación reseñados son a la vez históricas y pragmáticas.

Desde el punto de vista pragmático el «cliente» normalmente está preocupado sólo por unos cuantos problemas, no por todos. Puede estar preocupado por problemas de costes, o por problemas de cobertura de servicios, pero rara vez está preocupado por ambas cosas a la vez.

Históricamente además cada tipo de evaluación se ha originado en disciplinas científicas diferentes:

— el análisis coste/beneficio en las ciencias económicas;
— el análisis de la implementación en las ciencias administrativas y políticas;
— la evaluación de resultados en la psicología, sociología y pedagogía, y
— la evaluación de impacto primero en la ingeniería, luego en el conjunto de las ciencias sociales.

Sin embargo, quiero mantener la tesis lógica de que existe una jerarquización necesaria que de no respetarse hace muy difícil el logro de una adecuada interpretación de resultados. Esta jerarquización adopta la dirección señalada:

— la evaluación económica presupone la evaluación de resultados;
— ésta presupone la evaluación de la implementación, y
— en principio no debería realizarse ninguna de las tres sin una evaluación de la evaluabilidad.

Del mismo modo que no debería intervenirse sin una previa evaluación de las necesidades.

5

Algunos tipos de evaluación esenciales

Cualquiera de los diferentes tipos de evaluación descritos en el capítulo anterior tiene su importancia y relevancia. Sin embargo, en este manual se mantiene la tesis de que la evaluación de resultados sigue siendo el tipo de evaluación clave.

Un programa/intervención busca unas consecuencias determinadas. Por ello, independientemente de otros tipos de análisis que se quieran y puedan hacer, el análisis de los efectos del programa —tipo de efectos, grado de cumplimiento de objetivos—, es el tipo de evaluación clave.

A través de diferentes tipos de evaluación se puede constatar que el programa está bien diseñado, que el esfuerzo puesto en el mismo en recursos de todo tipo es el adecuado, que la población objeto realmente está cubierta por el programa, etc., pero si no se logra aportar evidencia empírica de que el programa tiene unos efectos determinados —los esperados— los otros tipos de análisis se quedan vacíos.

Normalmente, la mayor parte de los otros tipos de evaluación que no sea el de resultados tienen sentido como complementos del análisis de la efectividad de un programa; para poder comprender mejor por qué sí o por qué no se logran los objetivos esperados. Este carácter de complemento justifica que en un manual de las características del que tiene el lector en sus manos, sea la evaluación de resultados la que se analiza más exhaustivamente.

Ahora bien, se han elegido dos tipos más de evaluación para profundizar en ellos por razones distintas. La evaluación de la evaluabilidad (y el análisis de la implementación) porque constituye una formulación interesante y novedosa de lo que debe ser la primera fase de cualquier evaluación, a saber, la familiarización con el programa, así como por su carácter pragmático al evitar esfuerzos inútiles.

En el caso de la evaluación de la implementación, que aquí se contempla como un subapartado dentro de la evaluación de la evaluabilidad, la justificación es más directa y simple: antes de atribuir efectos o consecuencias a un programa conviene asegurarse de que dicho programa funciona como se quiere y al nivel que se quería. De otro modo estaríamos atribuyendo unos efectos «a algo» que no sabríamos qué es exactamente.

El tercer tipo de evaluación que analizaré en el último capítulo no es estrictamente hablando un tipo de evaluación: es un conjunto de posibles evaluaciones basadas en la misma metodología procedimental, los sistemas de información. Su importancia estriba en que estos sistemas de información para el seguimiento y monitorización deberían ponerse en marcha al mismo tiempo que el programa/ intervención. En las Comunidades Autónomas españolas el esfuerzo evaluativo está centrado en la mayor parte de los casos en el desarrollo de sistemas de información y de indicadores que se recogen y analizan periódicamente dentro de los programas/servicios. De aquí la importancia práctica de este tipo de evaluación.

1. La evaluación de la evaluabilidad

La evaluación de la evaluabilidad de un programa, como su nombre indica, tiene como objetivo esencial contestar la pregunta de si un programa es evaluable o no.

Para que un programa sea evaluable éste debe cumplir una serie de precondiciones:

a) Tener unos objetivos claramente definidos y medibles.
b) Un modelo de intervención con una lógica que justifique esperar unos efectos determinados derivados de la propia intervención.
c) Un conjunto de inputs, actividades, etc. que constituyen propiamente la intervención y que se derivan del modelo de actuación y de su lógica.

Realmente las precondiciones se centran en el modelo de causalidad que implica todo programa/intervención:

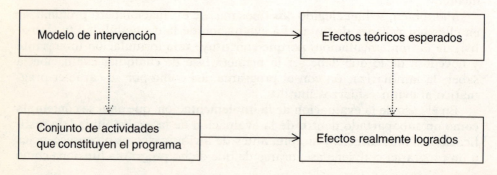

El modelo de intervención determina el conjunto de actividades a realizar dentro del programa; de este modo, dado que justifica —lógica y empíricamente— la obtención de unos determinados efectos, la puesta en marcha del programa —conjunto de actividades— producirá dichos efectos.

La pregunta básica a contestar en este tipo de evaluación es la siguiente: ¿es evaluable este programa? Es decir, se cumplen las precondiciones señaladas o no; pero esta pregunta debe traducirse en una serie de preguntas más concretas:

— ¿Está bien definido el programa?
— ¿Están bien definidos los objetivos y efectos esperados?
— ¿Existen indicadores de resultados o disponibles o que puedan construirse y sirvan para medir la consecución o no de los objetivos?
— ¿Se ha implementado el programa adecuadamente? ¿Cuál es el nivel de implementación?

Aparte de dar respuesta a estas y a otras preguntas, este tipo de evaluación normalmente consigue una serie de objetivos como subproductos que quizá no sean esenciales pero sin duda son muy útiles y relevantes.

a) Se puede evitar la trampa de llevar a cabo una evaluación de objetivos según los objetivos previstos inicialmente puesto que a lo largo de la evaluación se pueden ver los desfases y coincidencias entre objetivos previstos, objetivos reales, efectos esperados y conseguidos, etcétera.

b) La familiarización con el programa que supone este tipo de evaluación lleva a un trabajo conjunto entre evaluadores y personas que luego deberán utilizar los resultados de la evaluación haciendo más probable dicha utilización.

c) El énfasis puesto en objetivos medibles e indicadores/mediciones válidas de estos objetivos permite centrarse exclusivamente en lo que es medible, y en lo que es importante, ahorrando esfuerzo y dinero.

d) Permite llegar a la elaboración de un modelo de intervención caso de que éste no exista de un modo explícito.

La evaluación de la evaluabilidad sigue un proceso que queda esquemáticamente recogido en el esquema de la página siguiente y que comprende dos partes perfectamente diferenciadas:

1. Se analiza el programa en el papel con objeto de elaborar un programa contrastable empíricamente —objetivos, actividades y relación lógico-empírica que se deduzca de los documentos legales.

2. Observación *in situ* —recogida de información empírica— de cómo funciona realmente el programa —efectos conseguidos y activida-

ESQUEMA DE UNA EVALUACIÓN DE LA EVALUABILIDAD

Objeto	1.—Objetivos del programa	2.—Actividades programadas	3.—Discrepancias lógicas	4.—Campo	5.—Discrepancias empíricas	6.—Opciones de evaluación/gestión
TAREAS	— Revisión de documentos — Entrevista a personas clave — Entrevista a partes interesadas	— Descripción de relaciones entre inputs, actividades y outputs, explicitando las relaciones causales	— Examen de supuestos no válidos, relaciones causales no lógicas, etc.	— Exploración y descripción de actividades de que realmente ocurren — Identificación de indicadores disponibles de resultados esperados	— Comparación de actividades reales con las programadas	— Examen de las discrepancias de «3» y «5» e identificación de causas, discrepancias y proponer soluciones — Revisar opciones iniciales
PRODUCTOS	— Informe de objetivos del programa y grado de consenso — Informe sobre necesidades de información de personas clave	— Descripción narrativa del programa — Modelos lógicos de inputs/outputs — Modelos de funcionamiento	— Informe sobre los aspectos del programa que parezcan implausibles	— Informe sobre observaciones de campo — Informe sobre indicadores	— Informe sobre discrepancias significativas	— Sugerencias de opciones factibles para gestiones

des— para determinar de un modo definitivo el modelo de intervención a evaluar.

A lo largo del proceso que se sigue en estos dos pasos (fases 1, 2, 3 y fases 4, 5 y 6 del esquema) el producto último es la elaboración de:

Primero: el modelo *retórico* (objetivos, actividades, nexos lógicos).
Segundo: el modelo *evaluable* dejando a un lado aquellas características o variables no medibles.
Tercero: el modelo a *evaluar* al descender del modelo potencialmente evaluable a lo que realmente está funcionando y puede evaluarse.

Veamos los dos procesos en más detalle.

A. *La evaluación de la evaluabilidad sobre el papel*

Las fases a seguir son:
Primero. Identificación de los usuarios primarios de la evaluación que se pretende y desde su punto de vista determinar qué actividades y objetivos constituyen el programa.
Segundo. Recogida de la información sobre las actividades programadas, objetivos y fines y las relaciones causales que se presuponen. En principio, esta información suele ser recogida a través de:

— marcos legales, presupuestos y gastos justificados..., y
— entrevistas con representantes del programa o de la institución.

En uno u otro caso el tipo de información que se quiere recabar hace referencia a:

1. ¿Cuáles son los objetivos del programa?
2. ¿Qué se consideraría evidencia aceptable del logro de los objetivos del programa?
3. ¿Qué mecanismos existen en el programa (actividades del personal, normas, guías, ...) para lograr dichos objetivos?
4. ¿Por qué el suceso A llevará al suceso B?
5. ¿Qué espera el Ministerio u Organismo del que dependa el programa/centro en términos de desempeño y funcionamiento? ¿Son consistentes de año en año?
6. ¿Cuál es el principal obstáculo previsto en términos de logro de objetivos?
7. ¿Qué información se necesita sobre el funcionamiento?
8. ¿Qué se haría con este tipo de información si la tuviera?

9. El sistema de información actual del programa ¿es suficiente para sus necesidades?
10. ¿Cómo se consigue la información que se necesita para su trabajo? ¿Está satisfecho con esa información?
11. ¿Qué es lo más importante que debe lograr para el próximo año? ¿Cómo lo conseguirá?
12. ¿Cuáles son las preguntas o temas importantes que debe contestar un estudio evaluativo?

Tercero. Síntesis de la información y desarrollo de un modelo de flujos, o sea, juntando inputs, recursos, actividades del programa, outputs esperados, y las relaciones causales que se suponen. Debe insistirse en que se trata únicamente de reflejar todas las actividades y objetivos previstos. No de poner lo que parezca faltar.

Cuarto. El *análisis* que debe implicar al menos dos tests del modelo desarrollado:

— los objetivos están especificados a nivel medible, y
— se puede contrastar empíricamente las relaciones causales que se desprenden del modelo.

Medible implica acuerdo entre los usuarios de la evaluación y los evaluadores de qué constituye éxito y qué no. Es decir, el evaluador y los que encargan la evaluación deben ponerse de acuerdo en qué tipo de indicadores utilizar, qué tipo de mediciones efectuar, en una palabra, cómo verificar si los objetivos se están cumpliendo o no.

Conviene insistir en que en esta fase el papel del evaluador es el dar coherencia al modelo que resulta según los documentos y plantear alternativas de medición y contrastación científicas que luego sean consensuadas con los que encargan la evaluación.

Precisamente en esta fase hay que eliminar del *modelo retórico* desarrollado todos los objetivos y relaciones causales no medibles y, por tanto, de este análisis surge un nuevo modelo que es el modelo evaluable (subconjunto del modelo global).

Partiendo de este nuevo modelo se puede ya delimitar la *información* que se necesita recoger para evaluar el modelo. Obviamente, siguiendo este proceso, se llegará a unos instrumentos de medición que se corresponderán con lo que los usuarios de la evaluación creen que mide y contrastar las actividades y objetivos del programa y las relaciones causales subyacentes.

Puede suceder que una vez seguido este proceso la información requerida sea muy simple e incluso trivial. Pero esto puede ser extraordinariamente importante para el programa, puesto que pone en cuestión la propia planificación de la intervención.

Quinto y último. El último paso es ofrecer todos los resultados al usuario de la evaluación. Se le presenta:

1. El modelo retórico.
2. El modelo evaluable.
3. La explicación del proceso analítico que llevó al modelo evaluable.
4. La información a recoger en relación al funcionamiento del modelo evaluable.

Se trata de lograr:

— más clarificación del programa;
— determinación de la información que puede proporcionar la Administración del programa.
— determinar si ésta quiere cambiar su diseño del programa.

B. Recogida de datos sobre el funcionamiento empírico del programa

Mientras que en el apartado anterior se trata ante todo de elaborar adecuadamente los tres pre-requisitos de la investigación evaluativa desde el planteamiento teórico del programa, este apartado busca ver *exactamente* cómo se *desenvuelve*, cómo funciona el programa en la realidad, comparando así el modelo ideal con el modelo que realmente se implementa. Abarca tres aspectos/fases:

1) *Funcionamiento de las actividades del programa.* Se trata de verificar las actividades del programa que aparecen en el modelo retórico y describir la manera como realmente tienen lugar dichas actividades. ¿Existen o no actividades uniformes implementadas de manera sistemática? Si existe una manera «ideal» se compara con la real. Si hay diferencias, a lo mejor conviene hacer una evaluación de la implementación en profundidad. Esto se puede hacer, como veremos, de muy diversas maneras:

— entrevistas *in situ* a los profesionales sobre sus prácticas (o protocolos);
— observación sistemática de la práctica cotidiana, y
— preguntas (entrevistas) a los usuarios de los programas.

2) *Identificación de los efectos del programa.* Se trata ante todo de identificar efectos y no de evaluarlos. La razón de esta identificación es múltiple:

— primero, los objetivos pueden no estar claros;
— segundo, puede haber objetivos latentes;

— puede haber efectos no queridos ni buscados, y
— puede haber efectos secundarios o indirectos.

La manera más fácil de conseguir esta identificación es entrevistar en profundidad a los usuarios de los programas.

3. *Análisis de los supuestos causales.* Se refiere a las relaciones causales que producen el problema que queremos solucionar. Se trata de identificar la población a la que va dirigido el programa (datos demográficos) y sus necesidades, y luego plantear si las actividades del programa realmente se dirigen a las necesidades y problemas de esta población, etcétera.

En último término este tipo de análisis puede servir para aumentar la posibilidad de evaluar un programa a través de:

— identificar factores que parece que influyen en el funcionamiento y efectos del programa, y
— permitir a los administradores intentar diferentes métodos de implementar el programa y observar los diferentes efectos.

Por otra parte, puesto que no se trata de evaluar, el énfasis en este apartado se pone ante todo en:

• el descubrimiento, y
• la inducción.

Se trata en este segundo proceso de clarificar los objetivos del programa, así como de analizar el funcionamiento real del mismo. Es casi una evaluación de la implementación aunque tiene otra finalidad, puesto que el objetivo es:

— Decidir si se puede llevar a cabo la evaluación.
— Definir y delimitar claramente el modelo a evaluar que se deduce, pero no tiene por qué coincidir, del modelo evaluable, siendo éste a su vez un subproducto del modelo retórico.

Como resumen y final de este tipo de evaluación, ésta quedaría definida como sigue:

La evaluación de la evaluabilidad intenta de un modo sistemático describir los objetivos, la lógica y las actividades que constituyen un programa para analizar su plausibilidad, viabilidad y adecuación para una evaluación más estructurada, así como su aceptación por parte de los decisores políticos, personal técnico, gestores en una palabra de las partes interesadas.

2. La evaluación de la implementación

Este tipo de evaluación puede considerarse hasta cierto punto idéntico a la última fase/proceso del tipo descrito antes, puesto que el procedimiento es muy similar. La diferencia consiste en que el objetivo de este tipo de evaluación es distinto; se trata de:

— averiguar y describir cómo funciona el programa, y
— analizar hasta qué punto hay diferencias entre el funcionamiento real y el previsto en los documentos fundacionales.

Como se ha dicho ya, la evaluación de la implementación es realmente una precondición de la evaluación de resultados. Un ejemplo aclarará más este argumento. El Centro de Investigación y Documentación Educativa (CIDE) del MEC ha realizado durante más de tres años una evaluación del programa experimental de la Reforma de las Enseñanzas Medias.

Esta reforma, consistente en modificaciones curriculares, pero también pedagógicas, se puso en marcha experimentalmente en 1984 en numerosos centros que voluntariamente decidieron acogerse a ella. Otros centros no lo hicieron y en la evaluación realizada por el CIDE se utiliza este hecho para disponer de varias mediciones y varios grupos de comparación con la idea básica de analizar la existencia o no de posibles diferencias entre alumnos de la reforma y alumnos que siguen las enseñanzas tradicionales.

Independientemente de que la no existencia de un grupo de control equivalente plantea problemas de validez interna, las diferencias existentes entre grupos ¿deben achacarse a la reforma?, ¿cómo hacerlo si no se sabe cómo ni en qué grado se ha implementado ésta en los diferentes centros experimentales? Estudiar las diferencias de resultados en una serie de tests en distintos grupos, experimentales y de comparación, es importante, pero al no haber realizado una mínima evaluación de la implementación resulta difícil interpretar las diferencias y desde luego las no diferencias. Es sobradamente conocido lo difícil que es poner en marcha cualquier reforma promovida desde la Administración pública; asimismo resulta lógico pensar que el nivel de implementación diferirá según los centros.

Éste es un típico ejemplo en el que una evaluación de la implementación era necesaria.

La evaluación de la implementación se desarrolla en tres procesos:

1) Lista del conjunto de rasgos y actividades que realmente definen y constituyen el programa.
2) Datos empíricos basados en diferentes técnicas de recogida de datos que avalen la descripción realizada en el punto anterior.

3) Contraste de este comportamiento real del programa con lo inicialmente previsto en documentos y marcos legales.

Los aspectos claves de este tipo de evaluación se centran en:

— decidir cuáles son los rasgos y actividades que caracterizan el programa;
— decidir qué tipo de información —medición y técnicas de recogida
  de datos— se precisa para describir adecuadamente el programa, y
— obtener una muestra adecuada de los diferentes procesos del programa en el tiempo y el espacio.

En lo que respecta a los dos primeros puntos la lista de actividades o
rasgos de un programa se obtiene utilizando:

— un análisis de las propuestas o planes del programa;
— entrevistas con el personal técnico del programa o los que lo planea-
  ron, y/o
— observación *in situ* sistemática o participante.

Normalmente estos rasgos críticos de un programa incluirán:

— actividades específicas que se realizan;
— materiales y equipos utilizados, y/o
— procedimientos de todo tipo.

Llegar a cuáles de éstos sean esenciales o críticos para el programa
puede requerir recurrir a diversas fuentes de información: análisis documental, por ejemplo, pero también entrevistas con expertos y personal técnico.
Una vez listados los rasgos críticos debe incluirse para cada uno de ellos
la frecuencia o duración y la forma o tipo que adopte.
En el ejemplo del CIDE los dos grandes rasgos críticos de la Reforma
de Enseñanzas Medias se centraban en:

— los contenidos de las disciplinas, incluyendo algunas nuevas y reo-
  rientando otras, y
— los métodos pedagógicos a aplicar en las aulas.

Una vez listados los rasgos críticos se decide qué tipo de técnica de
recogida de datos resulta más apropiada para recoger información sobre
aquéllos, su ocurrencia o no, la forma en que ocurren y la frecuencia. Habitualmente se recurre a utilizar:

- archivos/registros;
- observación participante o sistemática, y
- entrevistas o encuestas.

No existe una técnica determinada ideal. La recomendación general es utilizar varias técnicas para aumentar la validez convergente.

El diseño muestral plantea en este tipo de evaluación grandes problemas. Hay que decidir *dónde*, *quién* y *cuándo* se recogerá la información sobre los rasgos críticos del programa.

El *dónde* es especialmente relevante si el programa se desarrolla en diferentes espacios, éste es el caso de la Reforma de Enseñanzas Medias. Debe intentarse que haya un máximo de representación de distintos centros.

De *quién* se recoge la información depende esencialmente del tipo de técnica de recogida de datos que se vaya a utilizar. Si se trata de archivos/registros no existe un «de quién». Si se va a hacer observación participante normalmente la información se recogerá de muy diferentes grupos de personas: beneficiarios del programa, personal técnico, directores y administradores, etc. Esto mismo sucede cuando se utilizan entrevistas o encuestas.

Probablemente lo más problemático sea el *cuándo* puesto que ningún programa suele ser estable, siendo además muy conveniente que un programa haya cambiado según el tiempo que lleve en funcionamiento.

Si existen diferentes fases en el programa habrá que muestrearlas todas, y también si se espera que el programa cambie con el tiempo.

Resueltos los dos temas clave —selección de rasgos críticos, selección de un diseño muestral— la recogida de datos proporciona la base para analizar:

1.º Si el programa se ha implementado de modo correcto.
2.º Si el grado de implementación es el adecuado.

En la mayoría de los casos no tiene mucha relevancia hablar exclusivamente en términos de bien/mal implementado, sino que resulta más útil analizar el nivel o grado de implementación.

3.   La evaluación de resultados

El gráfico de la página siguiente presenta esquemáticamente un modelo de relaciones causales en donde la causa (causas) son las variables de la intervención/programa y los resultados son los efectos perseguidos por dicha intervención.

Bajo la rúbrica de «sistema de implementación» se recoge todo aquello que condiciona la transformación de lo que es un programa teórico sobre

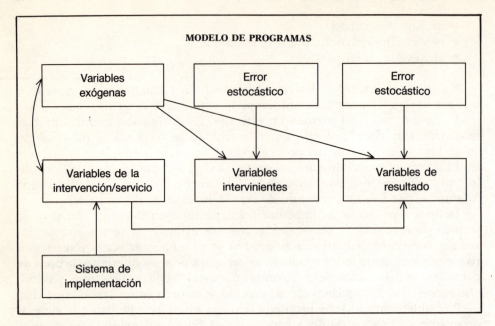

el papel en el conjunto de actividades (variables) que constituye en la realidad empírica el programa.

Un error estocástico o aleatorio recoge los posibles efectos aleatorios, variables no tenidas en cuenta, errores aleatorios de medición, etc. El efecto esencial de este error estocástico recae sobre la fiabilidad de las mediciones atenuando las relaciones causales a través de éste.

El problema esencial de la evaluación de resultados estriba en la posibilidad de que haya otras «variables exógenas» que estén relacionadas a la vez con variables del programa y con variables intervinientes y/o variables de resultados. El título de «variables exógenas» del gráfico recoge la idea de alternativas explicativas no controladas, idea básica para la explicación de la validez interna de los diseños de investigación.

Precisamente la validez interna es clave en la evaluación de resultados puesto que ésta pretende demostrar de un modo inequívoco que existen —o que no existen— efectos específicos debidos a una intervención determinada.

En la práctica investigadora la búsqueda de relaciones «causales» entre variables se orienta casi siempre en función de tres criterios:

— que la variable que se supone causa sea anterior al supuesto efecto;
— que ambas variables estén relacionadas, lo que se investiga utilizando los diferentes coeficientes de asociación existentes, y
— que esta relación entre las variables, que la mayoría de las veces es covariación, no sea una relación aparente, no sea una relación espúrea.

El análisis de la validez interna de un diseño/investigación está directamente relacionado con el establecimiento de este tipo de relaciones causales, de modo que si el diseño/estudio permite de un modo efectivo concluir inequívocamente que dos variables (o más) están relacionadas —o no lo están—, entonces dicho diseño tendrá validez interna.

Un ejemplo puede ayudar a precisar este concepto. En el estudio del comportamiento electoral, una de las variables causales relevantes es la exposición a los medios de comunicación. Precisamente al llegar las elecciones las campañas políticas suelen llevar como premisa básica que la presencia en los medios de comunicación influye en el comportamiento electoral. Cuanto mayor sea la presencia de un partido político en los medios de comunicación y mayor la exposición de una persona a dichos medios más se verá influido su comportamiento electoral. Se puede, por tanto, partir de la hipótesis siguiente:

A mayor exposición a los mensajes de una determinada formación política en los medios de comunicación, mayor probabilidad de votar a favor de dicha formación política.

Naturalmente, esta influencia o relación entre exposición (x) y voto (y) está mediatizada por otras variables tales como:

— edad, sexo, nivel de educación...

puesto que el mensaje puede ser más persuasivo para los jóvenes que para los mayores, o al revés, para las personas de menor nivel de educación, etcétera.

Si nuestra preocupación es establecer y analizar la relación exposición/voto, estas posibles variables mediadoras son variables perturbadoras; transformarlas en variables controladas puede hacerse mediante diferentes procedimientos:

— introduciéndolas en el diseño, es decir, recogiendo información sobre las mismas y adecuar el análisis posterior;
— «quitarlas» mediante el procedimiento de restringir la información recogida a sólo ciertos niveles de dichas variables; por ejemplo, recoger información sobre exposición y voto sólo para hombres, o sólo para jóvenes, y
— haciendo a estas variables auténticas variables aleatorias mediante formación de dos o más grupos de individuos aleatoriamente (experimento clásico).

Cada uno de los procedimientos señalados exige cosas diferentes del diseño de investigación subsiguiente. En el primer caso se requiere ampliar la recogida de información; en el segundo listar las variables «perturbadoras» y decidir qué niveles o categorías de las mismas se quieren controlar mediante la restricción. En el último caso no se necesita listar las posibles variables perturbadoras, pero sí pensar un procedimiento de aleatorización, lo que a veces es imposible o muy difícil.

Pero el control de la edad, sexo y nivel de educación no permitiría inferir inequívocamente que la exposición a los medios lleva al voto a un determinado partido o formación política, puesto que existen otras posibles variables perturbadoras. Caso de que realmente se encontrara relación entre exposición y voto aun controlando las tres variables mencionadas cabría pensar que realmente la ideología era la variable clave. No es lógico suponer que una persona con una ideología conservadora aun exponiéndose a mensajes de partidos progresistas se vea influida por ellos, puesto que con toda probabilidad interpretará el mensaje de una forma diferente a la de una persona de ideología progresista. La ideología influye, no sólo en la selección de los medios, sino también en su interpretación y media, por tanto, en su influencia sobre el voto.

Si esta variable no está controlada resultará difícil interpretar adecuadamente la relación hallada entre exposición a medios y voto. Es decir, ese estudio/diseño tendría problemas de validez interna.

De lo dicho se puede deducir certeramente que *el problema de la validez interna es un problema de control de las posibles variables perturbadoras o, si se quiere, del control de posibles explicaciones alternativas a una relación entre variables.*

Ahora bien, el sesgo introducido por estas variables perturbadoras puede ser de diferente clase. Así, puede suceder que la variable que queremos controlar sea *causa común* de las dos variables que nos interesan. Éste es el caso, por ejemplo, de la renta en un estudio sobre la relación entre interés por la política y fumar. La relación entre estas dos variables desaparece al controlar la renta de las personas puesto que la renta influye en el interés por la política y también en el fumar o no.

Los ejemplos clásicos de relaciones espúreas —relación entre número de cigüeñas y número de nacimientos o del número de bomberos en un incendio y los daños causados por dicho incendio— son otros tantos ejemplos de variables perturbadoras que son causa común de otras y que de no ser controladas nos llevarían a la falsa conclusión de que esas otras variables estaban relacionadas.

Hay dos tipos más de relaciones entre variables que interesan al analizar la validez interna de un diseño de investigación: *las relaciones interactivas entre variables* y *las estructuras de relaciones que «suprimen» relaciones entre algunas de ellas.*

Siguiendo con modelos de tres variables más fáciles de entender como ejemplos, pero sin olvidar que lo que se dice de estos modelos puede —y debe— aplicarse a modelos con mayor número de variables, la relación entre renta y ahorro puede servir como ejemplo de relaciones o efectos interactivos. A mayores ingresos/rentas, mayor ahorro, pero es sabido que la fuerza de la relación entre ahorro y renta es mayor entre las personas que tienen un trabajo en el que son sus propios empresarios (cuenta propia) que entre aquéllas que trabajan por cuenta ajena. Es decir, la relación entre ahorro y renta depende del tipo de puesto de trabajo, y éste es un efecto interactivo. El efecto que tiene la renta sobre el ahorro está modulado por el tipo de trabajo, existiendo por tanto un efecto conjunto no separable de renta y tipo de trabajo, sobre el ahorro.

En este caso, el efecto interactivo consiste simplemente en que a igualdad de rentas los trabajadores por cuenta ajena ahorran menos que los trabajadores por cuenta propia, es decir, consiste en que hay diferencia en el grado de asociación entre renta y ahorro para los trabajadores por cuenta propia y para los de por cuenta ajena.

Pero existiría también efecto interactivo si la relación cambiara de signo o en un caso fuera cero —no existiera— y en otro fuera positiva o negativa, es decir, *si* hubiera relación.

La situación de existencia de variables «supresoras» de la relación se produce cuando las relaciones entre variables son de signo distinto y de una magnitud tal que el efecto de una quede contrarrestado por el de otra. Esta situación puede verse en los dos ejemplos siguientes:

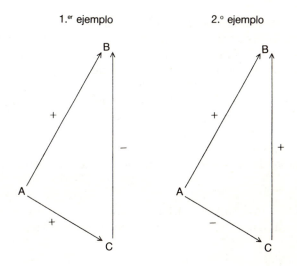

En el primer ejemplo, un incremento de A produce a la vez un aumento de B y de C pero como C tiene un efecto negativo sobre B según sea la magnitud de los efectos, pudiera ser que no apareciera ningún efecto de A sobre B.

En el segundo ejemplo, el resultado neto de A sobre B dependerá también de la magnitud de los efectos puesto que un aumento de A produce un aumento de B directamente pero a través de la reducción de C produce una reducción de B.

Tal y como se refleja en el cuadro 1, el problema estriba en que no controlar las posibles variables perturbadoras produce situaciones «aparentes» (en el cuadro es la situación APARIENCIA) que llevan a interpretaciones erróneas, puesto que la realidad es otra.

Por ejemplo, en el caso de relaciones espúreas, al no controlar Z, obtenemos la falsa apariencia de que X → Y cuando realmente Z es a la vez causa de Y y de X, lo que quedaría al descubierto si Z quedara controlado. Del mismo modo, en el supuesto de que exista interacción y no controláramos Y, deduciríamos que X → Z cuando realmente hay un efecto conjunto —interactivo— de X e Y sobre Z.

Éstos son sólo tres posibles tipos de variables perturbadoras, pero se puede pensar en otros muchos, lo importante es:

— darse cuenta de que problemas de validez interna puede haber tanto en la interpretación de una relación entre variables como en la interpretación de una no relación, y
— que una variable puede perturbar la relación entre otras de muy diversas maneras.

El sistema para aumentar la validez interna de un diseño es sencillo en teoría: *transformar las posibles variables perturbadoras en controladas o aleatorias*. Pero para ello el primer paso es identificar estas posibles variables perturbadoras, tarea que parece imposible puesto que cada investigación tendrá sus propias y específicas variables.

Resulta evidente que no se puede lograr una lista de posibles variables perturbadoras para cualquier estudio, pero sí se puede establecer una clasificación de las mismas, de modo que en cada estudio específico ésta nos sirva como guía para identificarlas.

En evaluación de resultados el modelo básico de intervención sería el siguiente:

Resultados del programa = Efectos netos del programa + Efectos del diseño de evaluación + Otros procesos perturbadores (explicaciones alternativas).

Los dos últimos términos de la segunda parte de la igualdad es lo que genéricamente he llamado variables perturbadoras y que también pueden llamarse fuentes de error.

Veamos, aunque sea brevemente, los factores extraños o perturbadores primero y luego los posibles efectos del propio diseño evaluativo.

CUADRO 1

REPRESENTACIÓN GRÁFICA DE LAS POSIBLES ESTRUCTURAS DE INTERRELACIONES ENTRE
VARIABLES QUE PUEDEN PLANTEAR PROBLEMAS DE VALIDEZ INTERNA

REALIDAD
APARIENCIA

1. Espureidad

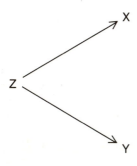

2. Interacción

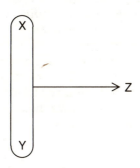

3. Supresión

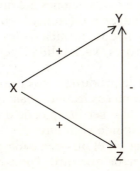

3.1. Factores extraños o perturbadores

Sin ser exhaustivo en la relación, cabe señalar algunos más frecuentes:

— cambios *endógenos* (proceso de maduración) normales. Como ejemplo típico de ese caso puede hablarse del ciclo de recuperación natural de una enfermedad. Puede que estemos atribuyendo a un medicamento la cura de una enfermedad, cuando lo cierto es que la enfermedad hubiera desaparecido igual de no haber tomado nada y esperado un cierto tiempo;

— cambios *seculares* externos (Historia). Un ejemplo clásico de este tipo de fuente de error vendría dado por la conocida tesis de EASTERLING sobre la relación entre estructura demográfica y delincuencia. A igualdad de condiciones, una reducción del peso de la cohorte de edad entre quince años y treinta en el conjunto de una población debe producir una reducción de los delitos puesto que los delincuentes se encuentran en esa cohorte. Un proceso de envejecimiento de una población lógicamente producirá a medio plazo una disminución de la delincuencia haya o no programas de prevención de la misma. Si un programa de este tipo funcionara en España, donde se está registrando este proceso de envejecimiento, sería erróneo atribuir a dicho programa una previsible disminución de la delincuencia;

— acontecimientos extraños de corta duración, y

— selección no controlada de participantes en un programa, por ejemplo, la autoselección o voluntariado. En este caso si para participar en un programa se seleccionan casos específicos o se autoseleccionan la interpretación sobre el efecto del programa estará mediatizada por esta característica de autoselección o voluntariado.

3.2. Efectos del diseño

— Efectos aleatorios y estocásticos. Errores que surgen del empleo de muestras. La utilización de las mismas produce fluctuaciones aleatorias en la estimación de efectos, lo que puede dar lugar a diferencias entre grupo experimental y de control cuando no las hay. La técnica de las muestras resuelve estos problemas (cálculo de errores, variabilidad de la población y volumen de la misma).

Pero aquí surge la posibilidad de que se produzcan dos tipos de errores. Error Tipo I = concluir que el programa es efectivo —las diferencias son reales— cuando no lo es. Error Tipo II = ser incapaz de detectar un efecto real —decir que no hay efecto— cuando sí lo hay.

Al evitar un tipo de error se suele caer en el otro; en cada programa será más importante evitar un tipo de error que otro. Por ejemplo, en

la seguridad de un avión es más importante evitar decir que un avión es seguro cuando no lo es (Tipo I) que excluir aviones seguros —hay que ser conservadores. En un programa educativo conviene normalmente evitar el error Tipo II puesto que es más difícil detectar pequeños efectos normales en programas educativos.
— Baja fiabilidad en la medición. El efecto de la baja fiabilidad es oscurecer la existencia de efectos, puesto que la fiabilidad es el techo de la validez. Se necesitan así muestras más grandes.
— Validez. Es un problema ya clásico y se plantea más en ciertos métodos que en otros. Los criterios para establecer la validez son los clásicos:

- consistencia de la medida con el uso normal;
- consistencia con medidas alternativas;
- consistencia interna, y
- predictibilidad.

— Problemas que surgen por no medir adecuadamente el resultado o producto. Por ejemplo: el resultado de un programa de planificación familiar puede medirse por:

- porcentaje que adopta medidas anticonceptivas;
- número de niños deseados que nacen;
- niños realmente nacidos, y
- actitudes ante las familias numerosas.

Los resultados pueden variar según qué se utilice como medida de resultado.
— Valores perdidos en la recogida de información. Problema típico de la recogida de datos que fácilmente puede invalidar el análisis de resultados.
— Efectos no aleatorios del diseño muestral: sesgos que lo hagan no generalizable.

3.3. Cómo se controlan los efectos extraños

En lo que respecta a los efectos del diseño, la única manera es diseñar una buena evaluación. En lo que respecta a los factores extraños, no del diseño, el método básico es mediante *el control de las hipótesis alternativas* que se logra:

— utilizando grupos de comparación/control, y
— repitiendo las mediciones,

combinado con el control *a priori* o *a posteriori* de las mismas.

Esto da como resultado una serie de posibles controles:

- Controles *aleatorios:* un grupo de control formado aleatoriamente (asignación aleatoria).
- Controles *construidos:* grupo equivalente de comparación en variables relevantes.
- Controles *estadísticos:* se comparan participantes y no participantes manteniéndolos constantes mediante métodos estadísticos de análisis.
- Controles *reflexivos:* se compara el mismo grupo antes y después; puede también hacerse en repetidas mediciones.
- Controles *genéricos:* se comparan los participantes en el programa con normas o estándares establecidos.

3.4. Algunos diseños de evaluación de resultados

Puesto que el objetivo esencial de la evaluación de resultados estriba en estimar los efectos del programa/intervención los criterios para lograr un buen diseño giran en torno a la idea del control de las explicaciones alternativas a la relación esperada entre la intervención y los resultados. En la actualidad existen dos perspectivas que buscan desde posiciones tradicionalmente diferentes este control.

De un lado, partiendo de la idea del control *a priori*, es decir, en el diseño, se encuentra la perspectiva experimentalista; de otro lado, partiendo de la idea del control *a posteriori*, es decir, en el análisis, se encuentra la perspectiva de la modelización.

La primera toma como paradigma utópico la experimentación, mientras que la segunda se centra en modelos de análisis de ecuaciones estructurales desarrolladas para controlar en el mismo estas posibles explicaciones alternativas o fuentes de error en la estimación de los efectos.

Quiero resaltar aquí en cuatro puntos mi propia postura ante la polémica entre ambas perspectivas:

1. La experimentación no siempre es posible en la vida real puesto que muchas veces un programa de intervención no permite la necesaria aleatorización. En cualquier caso, es interesante mostrarse atento para aplicar en la medida de lo posible la lógica experimental.
2. La modelización requiere unos conocimientos teóricos de la realidad que muchas veces no existen. Sin estos conocimientos la especificación del modelo es difícil y los resultados pueden resultar sesgados.
3. De lo anterior se desprende que el tipo de intervención a evaluar condicionará en gran medida qué perspectiva deba seguirse.
4. La recomendación básica es utilizar tanto el control *a priori* como el control *a posteriori* a no ser que el tipo de programa a evaluar

claramente indique que un tipo de control es suficiente. Por tanto, la estrategia más adecuada consiste en:

— aplicar la lógica experimental en el diseño de la evaluación, y
— aplicar la lógica de la modelización en el análisis.

3.5. Los diseños experimentales

Un experimento esencialmente supone:

— un grupo de comparación o control, y
— un procedimiento aleatorio para formar el grupo de intervención y el de control de modo que ambos sean equivalentes.

Es la aleatorización lo que hace equivalente a los dos grupos de forma que las diferencias observadas después del programa de intervención sólo pueden ser atribuidas a dicho programa; de no haber diferencias, obviamente la interpretación correcta sería negar que la intervención produce los resultados queridos.

No es esencial que exista medición antes y después de la intervención, aunque lógicamente estas mediciones refuerzan la validez interna de los diseños.

La clave es la existencia de uno o varios grupos de comparación que sean idénticos y cuenten con suficientes unidades de análisis. Conviene señalar que el grupo de control no tiene por qué ser un grupo de *no tratamiento,* de no *intervención,* podría ser asimismo un grupo que tuviera una intervención alternativa y puede naturalmente haber varios grupos de intervención/tratamiento y no de control.

El Experimento «Kansas Patrol» es un buen ejemplo de la aplicación de diseños experimentales a la evaluación de resultados. La pregunta básica de esta evaluación era averiguar qué tipo de actuación debería tener la policía ante la denuncia de riñas, malos tratos, etc. en el hogar con el fin de evitar una escalada de violencia doméstica. Tres eran las alternativas que se barajaban:

— escuchar lo que tenían que decir la mujer y su compañero y no hacer nada;
— «reñir» verbalmente a la parte que infligía el mal trato y amenazarle, y
— detener a esta persona llevándole a comisaría y fichándola.

La pregunta, de nuevo, era cuál de estas tres actuaciones minimizaba el riesgo de una mayor violencia doméstica después de la intervención.

En este caso se puede hablar de tres tipos de intervención distintos, o de dos tipos de intervención y un grupo de control; la aleatorización se lograba mediante una especie de dado con las tres alternativas que era utilizado por la policía en el momento que ocurría un incidente; este mecanismo (dado) determinaba aleatoriamente qué tipo de actuación debía realizarse.

El problema básico, no único, de la experimentación es la imposibilidad de llevar a cabo en algunos tipos de intervención, por ejemplo en todas aquellas intervenciones que tengan cobertura total de una población. En este caso no cabe buscar un grupo de control y si sólo hay un tratamiento tampoco cabe comparar dos tratamientos. Éste es el caso de una medida como la de la obligatoriedad de llevar el cinturón de seguridad, o la prohibición de conducir con un cierto nivel de contenido alcohólico en la sangre.

En otros casos, aunque la cobertura no sea total, se producen reparos morales o legales para formar grupos de control. Por ejemplo, si por ley toda persona que cumpla unos requisitos tiene derecho a un determinado programa es imposible legalmente formar grupos de control.

Conviene indicar que aun en estos casos, a veces, se puede aplicar diseños experimentales:

— bien posponiendo el tratamiento a un grupo formado aleatoriamente;
— bien utilizando la ambigüedad que suele existir en torno a las personas que están en el límite que marca la ley para beneficiarse del programa;
— bien de otras maneras (véase F. ALVIRA, 1985).

3.6. Diseños con grupos de control no equivalentes

Si no es posible formar los grupos de control e intervención aleatoriamente, entonces los grupos no serán iguales y no es posible asegurarse la validez interna.

Sin embargo, en la medida en que haya pretest y postest —medición antes y después—, los grupos se hallan igualados *a priori* en las variables más relevantes que más problemas de validez pueden causar, y se lleve a cabo un adecuado análisis utilizando bien un ajuste mediante análisis de regresión, bien utilizando la diferencia de puntuaciones entre la medida antes y después, se logra un diseño de evaluación con alta validez interna. Muchas veces éste es el único tipo de diseño posible dados los condicionamientos existentes en la evaluación y en el programa a evaluar.

Un ejemplo servirá para aclarar este punto. El autor de este manual está realizando una evaluación de los equipos de búsqueda de empleo, programa conjunto del INEM y del Instituto de la Mujer para facilitar el acceso de la mujer al puesto de trabajo. Puesto que es un programa ya en marcha, la evaluación se realiza sobre el funcionamiento de los equipos de empleo en el último año. Es imposible, por tanto, elaborar un diseño experimental.

Sin embargo, sí que es posible buscar un grupo de control igualándolo con el grupo de mujeres que han sido beneficiadas por los equipos de empleo y de las que se dispone de un listado con algunos datos.

La estrategia en este caso es doble:

— de una parte se selecciona un grupo de control lo más similar a los grupos de intervención en edad, situación en el empleo, etcétera.
— de otra para ambos grupos se recoge información sobre otras variables que pudieran intervenir en la relación entre la actuación de los equipos de empleo y la obtención de empleo.

De este modo es posible realizar un ajuste más exacto entre ambos grupos en el análisis haciéndolos lo más equivalentes posible para aislar y estimar el efecto neto del programa sobre el empleo.

En este ejemplo no se ha podido tampoco realizar una medición pretest, lo que hubiera aumentado la confianza en la validez de resultados.

Naturalmente, a veces es posible formar los grupos de otra manera, lo que les hace más equivalentes; por ejemplo, a veces es posible de varios grupos formados de un modo natural decidir aleatoriamente cuál recibirá la intervención.

En cualquier caso la base de este diseño es la ausencia de equivalencia total entre ambos grupos.

3.7. El diseño de discontinuidad en la regresión

Una extensión del diseño anterior pero con características propias es el diseño de discontinuidad en la regresión, ampliamente utilizado en educación, en el que la asignación al grupo de intervención o al de control es conocida.

Es un diseño cuasiexperimental con pretest/postest y grupo de control/comparación. Se requiere una medición preprograma (pretest), una medición posprograma y una medición de la variable de formación de los grupos y que hace que unos grupos reciban el programa y otros no.

Lo que le diferencia de otros diseños es precisamente la asignación que se hace por *mérito* o por *demérito* (necesidad).

Necesita en principio que la forma de asignar sea una variable continua con un punto de corte: la gente que tenga menos de 100.000 pesetas de renta al mes, la gente con una puntuación en un test de conocimientos inferior a X o la gente con un C. I. inferior o superior a Y. La medición posprograma debe medir el efecto del programa.

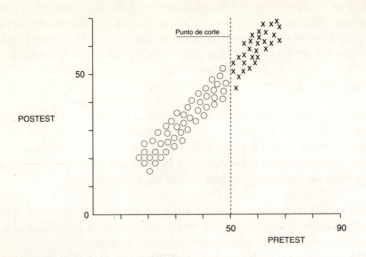

En este gráfico hay una medida pretest —eje de las X—, una medida postest —eje de las Y— y un punto de corte en la variable que ha servido de asignación. Respecto a esto caben dos opciones:

1) Que la variable de asignación sea la variable pretest misma (por debajo de un cierto valor).
2) Que no lo sea, sea otra variable, renta o C. I., pero esté relacionada con la medida pretest. Precisamente por eso se hace intervenir el programa, para mejorar estas mediciones.

Por eso la medición de «punto de corte» puede reflejarse como una recta vertical en una puntuación pretest. En el gráfico está puesta en la puntuación 50 del pretest.

Los puntos representados por 'o' han recibido el programa; las 'x' no lo han recibido.

La base del diseño consiste en comparar las dos rectas de regresión de las 'o' y de las 'x'. Si hiciéramos la regresión para las 'x' y la extrapolamos al lado de las 'o' veríamos que prácticamente coinciden. Esto implica el siguiente razonamiento: la recta de regresión de 'x' extrapolada al otro lado del «punto de corte» es lo que obtendríamos si la gente no hubiera recibido el programa —o éste no tuviera ningún efecto—. Por tanto, si la recta de regresión de las 'x' coincide con las de las 'o' es que el programa no tiene efecto.

Se trata, pues, de ver si la relación *pre-post* observada en el grupo que recibe el programa es la misma o se diferencia de la encontrada en el grupo que no recibe el programa. Esto se ve mejor en el «*punto de corte*» que en otras partes.

Veamos un ejemplo en que sí hay diferencias:

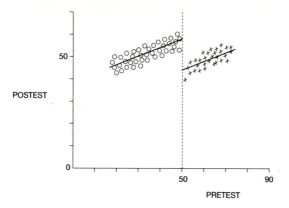

Como puede verse, en este caso las dos rectas de regresión no se igualan. Si prolongamos la recta del grupo de control y quitamos la nube de puntos obtendremos lo siguiente:

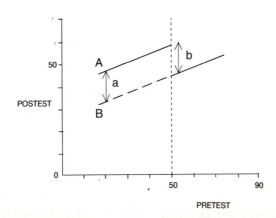

Al comparar la recta del grupo experimental con la del grupo de control (trazo discontinuo) vemos que para igual medida *pretest* el grupo que ha recibido el programa tiene siempre una medida postest mayor. Esta diferencia (a ó b) es una medida de la ganancia debida al programa. La línea A es la real y la línea B lo que obtendríamos sin el programa.

Naturalmente, este ejemplo muestra un efecto positivo principal del programa. Pero hay otras posibilidades que se muestran en los gráficos adjuntos:

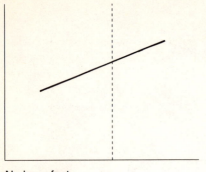

No hay efecto

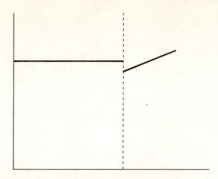

Efecto principal e interactivo positivos

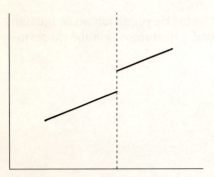

Efecto principal negativo

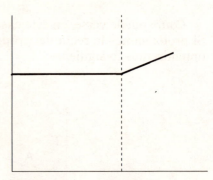

Efecto interactivo positivo

Ahora bien, hay que recordar que este análisis se hace más complicado en la realidad por:

1) El pretest puede ser la misma medición que el postest o distinta, o una medida compuesta.
2) La asignación no se hace sólo por debajo de un valor, sino que a veces se hace por encima de un valor (sobredotados, méritos).
3) La relación pretest-postest puede no ser lineal (cualquier forma puede servir).
4) El diseño no sólo sirve para la evaluación de resultados sino también para la evaluación de procesos si se utiliza cuando el programa está en marcha.
5) Se puede asimismo utilizar si se tienen datos de archivo con tal de que haya mediciones suficientes de pretest/postest.

Conviene señalar también los *supuestos* o *presupuestos de este diseño:*

1) *Que el «punto de corte» se aplica a rajatabla, es decir, que una vez señalado quién* va a poder entrar en el programa en función de una variable este criterio se aplica a rajatabla de modo que no habrá gente en el programa que no lo merezca o no lo necesite. Naturalmente, en la vida real esto no es así por diversas razones:

— políticas: presiones, enchufes;
— errores administrativos, y
— ocultación (renta).

Cuando la asignación no es a rajatabla, nos encontramos con lo que se llaman diseños «difusos», diseños que pueden producir estimaciones sesgadas de efectos.

2) *El modelo analítico que muestra la relación pretest-postest* está correctamente especificado, es decir, se adecua a la realidad. Si se decide que es un modelo lineal, que realmente lo sea. Normalmente se predetermina un modelo en función de experiencias anteriores y luego se contrasta empíricamente.

3) No existen otros efectos que en ausencia del programa darían lugar a una discontinuidad en la relación pre-postest en el punto de corte.

Si se obtiene un efecto, éste puede deberse a:

— algo extraño al programa, y
— en parte al programa y en parte a algo ajeno.

Cualquier factor que afecte sólo a las puntuaciones de un grupo y no del otro puede llevar a un falso efecto. Por ejemplo, si el programa implica un contexto diferente entonces cualquier variable de este contexto puede ser la causa del efecto hallado.

3.8. El diseño de series temporales interrumpidas

Este diseño implica medidas repetidas de un efecto/resultado o consecuencia antes y después de una intervención.

Las dos estrategias básicas para aumentar la validez interna de un diseño son:

— buscar grupos de control lo más equivalentes posibles, y
— tomar medidas antes y después de la intervención.

Una sola medición antes y después aumenta la validez interna, sin embargo, el aumento de mediciones incrementa aún más dicha validez puesto que permite establecer tendencias como base de comparación en vez de un solo punto.

Sin embargo, los diseños de series temporales tienen problemas no resueltos:

1. Las tendencias seculares (Historia), pueden no estar controladas dependiendo del número de puntos de que se disponga. La recomendación es disponer al menos de 50 antes y 50 después.
2. Las tendencias de tipo cíclico o estacional.
3. Y la instrumentación, es decir, el cambio de procedimientos en la recogida de la información.

A pesar de todo esto, este tipo de diseños, cuando son posibles, permiten en la mayoría de los casos deducir si existe o no efecto debido a la intervención y estimar dicho efecto.

Para aumentar la validez de este diseño cabe:

1. Introducir un grupo de control no equivalente.
2. Efectuar las mediciones muy frecuentemente.
3. Recoger información de series temporales con diferentes variables dependientes no equivalentes.
4. Utilizar series temporales con intervenciones cambiantes primero en un grupo y luego en otro.

Todo ello, junto con un análisis adecuado utilizando modelos ARIMA (autorregresivos integrados de medias móviles) permite lograr un alto grado de validez interna.

6
Monitorización y seguimiento de programas

En una situación de recursos escasos con usos alternativos, la propia gestión y ejecución de programas de intervención suele diseñar sistemas internos de seguimiento y control del funcionamiento del programa.

Esta evaluación interna suele

— ser una evaluación permanente;
— responder a un mandato político de rendición de cuentas;
— centrarse en aspectos de funcionamiento del propio programa, y
— ser una evaluación de tipo formativo.

Los tipos de evaluación analizados hasta este capítulo suelen ser evaluaciones puntuales de tipo externo y sumativo, aunque no existe ninguna necesariedad en este hecho.

El seguimiento y monitorización de programas no es en sentido estricto un tipo de evaluación excepto en el procedimiento que sigue que es común. Sin embargo, los tipos de preguntas evaluativas que se pueden responder con éste son muy numerosos.

En este capítulo se ofrece un análisis del procedimiento que se debe/suele seguir en este tipo de evaluación, un resumen de algunas de las posibles preguntas evaluativas que se pueden responder para por último ofrecer un ejemplo actual práctico.

1. Procedimientos de seguimiento y monitorización de programas

Como en cualquier otra evaluación, *el primer paso* es la determinación de los objetivos que persigue la evaluación, algunos de los cuales se analizan en el siguiente punto. El tipo(s) de evaluación(es) a realizar, o sea, las preguntas, condicionan la elección de indicadores y de la información a recoger siendo, por tanto, esta primera fase vital para un buen seguimiento.

En *segundo lugar*, debe desarrollarse un modelo de flujo del programa que especifique los diferentes pasos del mismo en relación con la población objeto y el conjunto de actividades que constituyen el programa. Este modelo de flujo recoge la entrada del usuario al programa, los necesarios pasos hasta que «recibe» el programa, el conjunto de actividades que recibe del programa, la actuación de los diferentes tipos de profesionales en el programa con los usuarios y la salida del usuario del proceso del programa.

En un programa de vacunación intantil este modelo incluiría:

— actividades para captar la población objeto;
— quién las desarrolla;
— entrada de dicha población al centro de vacunación;
— información que se recoge y quién la hace;
— selección de la población objeto, caso de hacerse;
— aplicación de la vacuna;
— salida del vacunado, y
— actividades de seguimiento si las hay.

Se trata, pues, de recoger el qué, a quién, por quién, cuándo y cómo y expresarlo narrativamente y en un esquema de flujo.

El *tercer paso*, que puede ser segundo, consiste en el desarrollo del sistema de indicadores e información necesaria para contestar las preguntas y objetivos de la evaluación. Estos indicadores, obviamente, deben:

— responder adecuadamente a los objetivos de la evaluación, y
— ser factibles de recogerse durante el proceso del programa de un modo fiable y válido.

El *cuarto paso* consiste en desarrollar los soportes documentales que van a servir para recoger materialmente la información necesaria para llegar a los indicadores previamente fijados.

Estos soportes documentales pueden ser cuestionarios, fichas, pero también escalas de diferente tipo o test. Se derivan del tipo de información que el sistema de indicadores exige.

En *quinto lugar* debe elaborarse un diccionario y manual de aplicación de los soportes documentales, puesto que la información la recogen los diferentes profesionales en diferentes momentos del proceso. Se trata aquí de homogeneizar la recogida de información.

En *sexto lugar*, los soportes documentales deben ser integrados en el modelo de flujos de modo que se determine en qué momento del proceso se va a aplicar qué tipo de soporte documental y por quién. Los diferentes soportes documentales se añaden, por tanto, al modelo de flujo.

Por último, deben especificarse cómo se van a presentar los resultados de la evaluación y cómo se van a utilizar los resultados de la misma. Lo normal es elaborar informes periódicos interpretando la marcha y funcionamiento del programa en función del comportamiento de los indicadores. Pero en cualquier caso debe de quedar claro el tipo de utilización que tendrá cada informe y cada indicador.

El resumen de todo el proceso puede indicarse en diferentes esquemas y tablas resumen. Una de ellas recoge los diferentes objetivos de la evaluación en un lado y en otros los indicadores a utilizar para responder a esos objetivos, además de la fuente de donde se recoge la información para estos indicadores (soportes documentales).

ESQUEMA DE OBJETIVOS/INDICADORES

OBJETIVOS	INDICADORES	SOPORTES DOCUMENTALES
1. Objetivo	Indicador 1 Indicador 2 Indicador 3 . . .	Documento n.º 1 Documento n.º 2 Documento n.º 2
2. Objetivo	Indicador 4 Indicador 5 . . .	Documento n.º 3 Documento n.º 3

Otra recoge la relación entre objetivos, indicadores y tipos de evaluación, así como el método de presentación de resultados y utilización de los mismos.

Los soportes documentales deben así mismo desarrollarse de modo que tengan una materialización física real.

Por último, todo este sistema de información:

— normalmente incluirá información que no vaya dirigida exclusivamente a la evaluación sino también a la gestión y a la adecuación del propio tratamiento o programa, y
— normalmente —idealmente— debería estar informatizado, con la especificación de un sistema de ficheros integrados.

2. Algunos tipos/preguntas de evaluación posibles

Para cualquier programa/servicio o intervención social el procedimiento de seguimiento mediante sistemas de información permite llevar a cabo muy diferentes tipos de evaluación entre los que cabe señalar:

1) La evaluación de la *cobertura*, entendiendo por tal el análisis de cobertura de la población objeto de la intervención y los problemas asociados a la misma.
2) La evaluación del *esfuerzo*, es decir, de los inputs asociados a cada intervención social incluyendo recursos humanos y medios materiales y financieros.
3) Evaluación del *proceso*. Descripción de las actividades que tienen lugar en la intervención, de la distribución del tiempo del personal afecto al programa.
4) Evaluación de la *productividad* del personal del programa.
5) Evaluación de la *calidad* de la atención e intervención.

También puede realizarse evaluación *económica* de costes de la intervención y de la eficiencia de la misma; evaluación de la *efectividad/eficacia* del programa y evaluación de la *implementación*.

Veamos, aunque sea someramente, cada tipo de evaluación y sus correspondientes dimensiones:

2.1. Evaluación de cobertura

Como mínimo conviene incluir información sobre el volumen de población cubierta, datos cualitativos sobre el perfil del usuario, un análisis del posible sesgo poblacional del usuario y un análisis de la accesibilidad del servicio/programa.

Las diferentes dimensiones dan lugar a una serie de indicadores a recoger del modo siguiente:

1. Análisis de la cobertura: estableciendo tasas de cobertura sobre:
   — población objeto;
   — población de la zona.
   En el numerador de los indicadores pueden incluirse diferentes alternativas:
   — casos atendidos en el período;
   — casos nuevos del período;
   — casos resueltos en el período.

En el denominador debería estar siempre la población objeto, pero en caso de no conocerse el volumen de la misma puede ponerse una estimación partiendo de la población de la zona.

2. Perfil del usuario según variables básicas de sexo, edad, ocupación, etc.
3. Análisis especial del volumen y características (perfil) de:
   — los casos resueltos;
   — los casos crónicos;
   — los abandonos.
4. Accesibilidad al Centro/Programa/Servicio:
   — grado de conocimiento e información sobre el mismo (implantación del centro, casos derivados...);
   — facilidad de acceso al Centro/Programa;
   — actitudes de los usuarios ante el Centro/Servicio (distancia/accesibilidad psicológica).
5. Análisis de la demanda (demanda solicitada/concedida).

2.2. Evaluación del esfuerzo

Se trata de analizar los inputs de los programas-servicios necesarios para la atención prevista en la planificación de dichas intervenciones. Los indicadores que se pueden utilizar son:

— Recursos humanos:
  • volumen;
  • cualificación;
  • horas de dedicación según tipo de actividad, y
  • estatus jurídico del personal.
— Recursos materiales:
  — equipamiento e instalaciones;
  — financieros.

Se trata de elaborar indicadores en forma de ratio de modo que en el numerador aparezcan las dimensiones mencionadas y en el denominador la población objeto y/o la población de la zona.

2.3. Evaluación del proceso

El funcionamiento cotidiano de los programas/servicios debe, así mismo, ser descrito y evaluado. El énfasis aquí se centra en el estudio de las actividades desarrolladas por el personal técnico y más en concreto en:

— número y tipo de actividades desarrolladas;

— distribución del tiempo de trabajo, y
— actividades directas y actividades indirectas.

La ratio entre actividades directas e indirectas sirve tanto para la evaluación del proceso como para la evaluación de la productividad. Para el resto de las dimensiones se requiere buscar un término comparativo que, en principio, debería ser:

— un estándar/norma profesional de la distribución de las distintas actividades —entrevistas, reuniones, visitas, etc.— según el sector de atención y la intervención realizada.

2.4. Evaluación de la productividad

En este tipo de evaluación se trata de evaluar la productividad técnica del personal de atención utilizando las siguientes dimensiones:

— actividades directas/actividades indirectas;
— ratio de casos en *atención, abiertos, resueltos* y *nuevos* por profesional, y
— ratio de casos totales por profesional.

Los ratios hallados deberían compararse con algún estándar o norma sobre capacidad de atención, de modo que pueda deducirse el nivel de productividad y el nivel de saturación.

2.5. Evaluación de la calidad de la atención

Resulta muy difícil establecer dimensiones de calidad que recojan todas las implicaciones que el concepto tiene; no obstante, sí que es posible hablar de algunas de ellas con carácter aproximado e individual. Así:

— tiempo de dedicación a cada caso por parte de los profesionales:
  • tiempo dedicado a estudio del caso;
  • tiempo dedicado a gestiones;
  • tiempo dedicado a atención o trato con el usuario.
— promedio de tiempo dedicado a entrevistas o reuniones con usuarios;
— tiempo medio de espera para poder utilizar el servicio/programa;
— tiempo medio de duración de la tramitación de demanda;
— número de papeles/documentos exigidos a los usuarios, y
— satisfacción del usuario con el servicio/programa.

Éstos son algunos de los posibles tipos de evaluación utilizando sistemas de información y asimismo parte de la información que debería recogerse para llegar a dicha evaluación y que debe reflejarse en los correspondientes soportes documentales.

3. Un ejemplo de monitorización de programas públicos

Durante los tres últimos años en la Consejería de Integración Social de la Comunidad Autónoma de Madrid se está poniendo a punto un sistema de información como procedimiento de monitorización y seguimiento de los programas de los Servicios Sociales Generales de dicha Comunidad (véase P. RESTREPO y cols., 1990).

En los Servicios Sociales generales y al nivel espacial más restringido de Unidad de Trabajo Social (UTS) se desarrolla una serie de programas. Para dos de ellos:

— información, valoración y asesoramiento, y
— tratamiento socio-familiar.

se adjunta el modelo de flujo desarrollado en el Servicio de Evaluación de la Consejería.

Estos modelos de flujo presentan el proceso desde la entrada del usuario o demandante de cada programa hasta el cierre del caso. A lo largo del proceso se producen una serie de desviaciones y ramificaciones del caso, según las características especiales de cada usuario. De este modo, el modelo de flujo recoge todas las posibles alternativas que seguirá el usuario al expresar una demanda ante el programa.

Por otra parte, en paralelo al modelo de flujo, se muestran los documentos (soportes documentales) que se aplican en los diferentes momentos y situaciones del proceso. Cada soporte documental recoge información del usuario, del programa, etc., información que guarda relación con los indicadores necesarios para reflejar la evaluación del programa. Los diferentes tipos de evaluación mencionados antes se traducen en preguntas específicas a contestar y éstas realmente constituyen objetivos de la evaluación; estos objetivos, tal y como se señaló en el primer apartado de este capítulo, se relacionan con los indicadores necesarios derivados de la información recogida en los diferentes soportes documentales.

Aquellas variables más relevantes a utilizar en la construcción de los indicadores aparecen referenciadas y descritas a través de un diccionario, tal y como puede verse en los cuadros adjuntos referidos al ejemplo que se está describiendo.

Por último, se adjunta un listado de indicadores de evaluación clasifi-

MODELO DE FLUJOS Y SOPORTES DOCUMENTALES

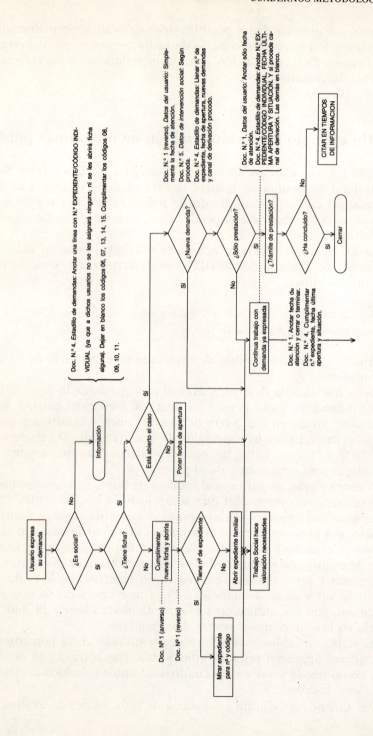

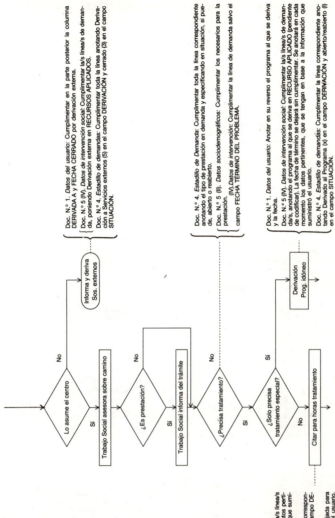

Doc. N.° 1. *Datos del usuario:* Cumplimentar en la parte posterior la columna DERIVADA A y FECHA CERRADO por derivación externa.

Doc. N.° 5 (IV). *Datos de intervención social:* Cumplimentar la/s línea/s de demanda, poniendo Derivación externa en RECURSOS APLICADOS.

Doc. N.° 4. *Estadillo de demandas:* Cumplimentar toda la línea anotando Derivación a Servicios externos (5) en el campo DERIVACIÓN y cerrado (3) en el campo SITUACIÓN.

Doc. N.° 4. *Estadillo de Demanda:* Cumplimentar toda la línea correspondiente anotando el tipo de prestación en demanda y especificando en situación, si puede, abierto o reabierto.

Doc. N.° 5 (II). *Datos sociodemográficos:* Cumplimentar los necesarios para la prestación.
(IV). *Datos de intervención:* Cumplimentar la línea de demanda salvo el campo FECHA TÉRMINO DEL PROBLEMA.

Doc. N.° 1. *Datos del usuario:* Anotar en su reverso el programa al que se deriva y la fecha.

Doc. N.° 5 (IV). *Datos de intervención social:* Cumplimentar la/s línea/s de demanda/s, anotando el programa al que se deriva en RECURSO APLICADO (pendiente de codificar). La fecha de término se dejará sin cumplimentar. Se anotará en cada momento los datos pertinentes, que se tengan en base a la información que suministre el usuario.

Doc. N.° 4. *Estadillo de demandas:* Cumplimentar la línea correspondiente anotando Derivado al Programa (x) en el campo DERIVACIÓN y abierto/reabierto (I) en el campo SITUACIÓN.

Doc. 5 * IV.—*Datos de intervención Social:* Cumplimentar la/s línea/s de demanda/s, dejando en cada momento los datos pertinentes que se tengan, en base a la información que suministre el usuario.

Doc. 4 * *Estadillo de demandas:* Cumplimentar la línea correspondiente, anotando tratamiento en U.T.S. (I) en el campo DERIVACIÓN. Y abierto reabierto (I) en SITUACIÓN.

* *Agenda de trabajo:* Se anotará el día y la hora fijada para próxima entrevista con indicación del nombre del usuario, n.° de expediente y código individual.

MODELO DE FLUJOS Y SOPORTES DOCUMENTALES (continuación)

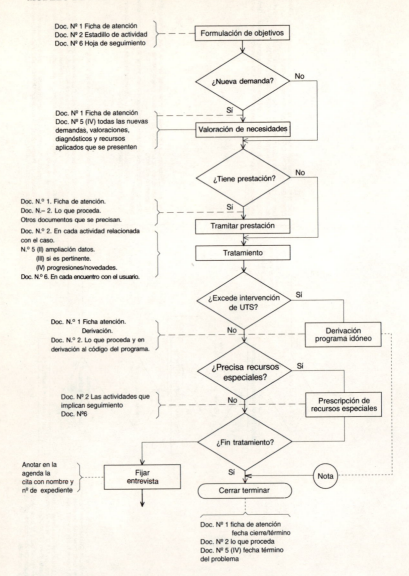

Doc. Nº 1 Ficha de atención
Doc. Nº 2 Estadillo de actividad
Doc. Nº 6 Hoja de seguimiento
⟩ - - - → Formulación de objetivos

¿Nueva demanda? —— No

Doc. Nº 1 Ficha de atención
Doc. Nº 5 (IV) todas las nuevas
demandas, valoraciones,
diagnósticos y recursos
aplicados que se presenten
⟩ → Sí → Valoración de necesidades

¿Tiene prestación? —— No

Doc. N.º 1. Ficha de atención.
Doc. N.– 2. Lo que proceda.
Otros documentos que se precisan.
⟩ Sí → Tramitar prestación

Doc. N.º 2. En cada actividad relacionada
con el caso.
N.º 5 (II) ampliación datos.
    (III) si es pertinente.
    (IV) progresiones/novedades.
Doc. N.º 6. En cada encuentro con el usuario.
⟩ → Tratamiento

¿Excede intervención de UTS? —— Sí

Doc. N.º 1 Ficha atención.
        Derivación.
Doc. N.º 2. Lo que proceda y en
derivación al código del programa.
⟩ No → Derivación programa idóneo

¿Precisa recursos especiales? —— Sí

Doc. Nº 2 Las actividades que
implican seguimiento
Doc. Nº6
⟩ No → Prescripción de recursos especiales

¿Fin tratamiento?

Anotar en la
agenda la
cita con nombre y
nº de expediente
⟩ → Fijar entrevista

Sí → Cerrar terminar   Nota

Doc. Nº 1 ficha de atención
        fecha cierre/término
Doc. Nº 2 lo que proceda
Doc. Nº 5 (IV) fecha término
del problema

De información *proceden* con algún grado de cumplimentación los siguientes documentos:
— Doc. N.º 1.
— Doc. N.º 5 (II) y (IV).

Se introducen *nuevos:*
— Doc. N.º 2. Estadillo de actividades.
— Doc. N.º 5 (III). Datos del habitat, cuando proceda.
— Doc. N.º 6. Hojas de seguimiento.

cados según el tipo de evaluación (objetivo) a cubrir. Los que se han elegido como muestra se relacionan con la evaluación del esfuerzo, de la calidad del programa, de la productividad y de la cobertura.

A estos documentos hay que añadir el manual de aplicación de los diferentes soportes documentales que no se adjunta por no ocupar excesivo espacio.

Integrar todos estos procesos de un modo coherente sin que existan fallos, contraindicaciones o lagunas es problemático. Un análisis detallado de los extractos de los documentos que aquí se ofrecen muestra la existencia de estas lagunas, incoherencias y a veces contradicciones en un sistema de información cuya puesta en marcha lleva durando ya varios años.

Sin embargo, este procedimiento de seguimiento permite realizar una evaluación continuada y formativa que resulta imprescindible para una buena gestión de los grupos de intervención.

Relación de variables a utilizar

1. Total de casos abiertos *:
   1.1. Casos nuevos *.
   1.2. Casos reabiertos.

2. Tipología de los casos reabiertos:
   2.1. Casos de información y orientación.
   2.2. Casos de tratamiento.

3. Nuevos expedientes abiertos.

4. Casos derivados por instituciones/entidades de la zona *:
   4.1. Casos derivados por los servicios propios del centro.
   4.2. Casos derivados por servicios municipales externos al centro.
   4.3. Casos derivados por servicios externos al centro NO municipales.

5. Sectores de pertenencia de los casos abiertos.

Los datos señalados con * aparecen en el «Proyecto n.º 2» del Subsistema de Información de Servicios Sociales Generales.

6. Total de casos atendidos *:
    6.1. De información y orientación.
    6.2. De tratamiento.

7. Casos derivados *:
    7.1. A servicios internos.
    7.2. A servicios externos.

8. Casos terminados *.

9. Casos cerrados.

10. Casos que permanecen abiertos *.

11. Casos que permanecen abiertos desde hace más de X meses *.

12. Entrevistas realizadas *:
    12.1. Sector X *.
    12.2. ....

13. Visitas efectuadas:
    13.1. Sector X.
    13.2. ....

14. Reuniones con profesionales del centro:
    14.1. De estudio y valoración de casos.
    14.2. De valoración y coordinación interna de los servicios del centro.

15. Reuniones con profesionales externos al centro:
    15.1. De estudio y valoración de casos.
    15.2. De gestión/movilización de recursos.

16. Horas de atención al proyecto *:
    16.1. De entrevistas *:
        16.1.1. Sector X *.
        16.1.2. ....
    16.2. De visitas *:
        16.2.1. Sector X.
        16.2.2. ....

16.3.   De estudio y valoración individualizada de casos:
      16.3.1.   Sector X.
      16.3.2.   ....
16.4.   De reuniones con profesionales del centro *:
      16.4.1.   De estudio y valoración de casos *:
            16.4.1.1.   Sector X *.
            16.4.1.2.   ....
      16.4.2.   De valoración y coordinación interna.
16.5.   De reuniones con profesionales externos al centro *:
      16.5.1.   De estudio y valoración de casos *:
            16.5.1.1.   Sector X *.
            16.5.1.2.   ....
      16.5.2.   De gestión/movilización de recursos *:
            16.5.2.1.   Sector X *.
            16.5.2.2.   ....
16.6.   De documentación de casos, etc.
16.7.   De investigación.
16.8.   De gestión de recursos.
16.9.   De actividades indirectas *:
      16.9.1.   Soportes evaluación.
      16.9.2.   De formación permanente.
      16.9.3.   De desplazamientos.

17.   Horas potenciales de atención al proyecto.

18.   Horas reales de atención al proyecto.

19.   Profesionales dedicados a la atención del proyecto *.

20.   Gastos:
   20.1.   De profesionales:
      20.1.1.   De actividades directas.
      20.1.2.   De actividades indirectas.
   20.2.   De prestaciones económicas.
   20.3.   De transportes y desplazamientos.
   20.4.   De formación y asistencia técnica.
   20.5.   De mantenimiento.
   20.6.   De varios.

Descripción de variables

1. Casos abiertos: total de usuarios recepcionados en el período que han planteado una problemática/demanda de carácter social.
    Se desglosarán en:
    Casos nuevos: usuarios que hayan acudido al centro por primera vez.
    Casos reabiertos: casos anteriormente cerrados o terminados que vuelven a abrirse por aparición de nuevos problemas, reaparición de problemas ya tratados o derivación desde otros servicios.
2. Tipología de los casos abiertos: los casos abiertos se clasificarán teniendo en cuenta el tipo de atención profesional dispensada en:
    Casos de información y orientación, cuando exijan una valoración de las necesidades planteadas por el usuario al objeto de prestar información y orientación sobre derechos y recursos sociales.
    Casos de tratamiento, si las intervenciones profesionales van orientadas al desarrollo personal y a la rehabilitación de la convivencia familiar y/o social o a la prevención de su deterioro, y cuyo objetivo es la modificación de situaciones individuales y/o familiares.
3. Nuevos expedientes abiertos: total de nuevas familias con las que se ha contactado a más de alguno de sus miembros.
4. Casos derivados por instituciones/entidades de la zona:
    Aquellos casos que acudan al centro remitidos por dichas instituciones/entidades. Su clasificación se realizará por cada una de ellas.
5. Sectores de pertenencia de los casos nuevos: los casos nuevos se clasificarán según el sector al que pertenezca la problemática planteada por el usuario, en su parte más significativa. Para ello se utilizarán los sectores referenciados en el anexo.
6. Casos atendidos: casos que hayan sido objeto de algún tipo de atención profesional. Incluirá tanto los casos abiertos como aquellos otros atendidos de los que permanezcan abiertos de períodos anteriores. Se clasificarán de acuerdo al tipo de actuación profesional en casos de información y orientación, casos de tratamiento y casos de seguimiento y apoyo, entendiéndose por estos últimos los casos ya tratados en los que se plantean actuaciones o medidas de refuerzo tendentes a mantener los resultados obtenidos.

7. Casos derivados: casos que para su tratamiento han sido remitidos a otros servicios. Se clasificarán según si los servicios a los que se han remitido son internos, esto es, del propio centro, o externos en caso de que se deriven a otras entidades.

8. Casos terminados: casos que, después de valorados y efectuadas las oportunas intervenciones profesionales han sido solucionados.

9. Casos cerrados: casos que, después de valorados y efectuadas las oportunas intervenciones profesionales se encuentran en una situación estacionaria, se puede prever una posterior reproducción del problema o ha sido derivado a otros recursos.

10. Casos que permanecen abiertos: total de casos que al término del período están abiertos por encontrarse pendientes de estudio y valoración, aplicación de un recurso y/o prestación, o estar en situación de tratamiento o seguimiento y apoyo.

11. Casos que permanecen abiertos desde hace más de X meses: casos que habiendo sido abiertos hace más de X meses no se han cerrado ni terminado a una determinada fecha.

12. Entrevistas realizadas: se entenderá por entrevista la relación técnica entre dos o más personas en la que se recaba o emite determinada información o documentación para prestar la orientación o tratamiento preciso, con el fin de alcanzar un objetivo concreto.

    Se clasificarán de acuerdo al sector de pertenencia de la problemática objeto de la entrevista.

13. Visitas efectuadas: se entenderá por visita el desplazamiento de un profesional que tiene como objetivo recabar información a través de la observación. Al igual que las entrevistas, las visitas se clasificarán por sectores.

14. Reuniones con profesionales del centro: las habidas entre dos o más personas del centro con el fin de intercambiar opiniones y/o información y/o establecer acuerdos en relación con unos objetivos previamente fijados.

    Se clasificarán según la temática tratada haga referencia al estudio y valoración de casos o a la valoración y coordinación interna de los servicios del centro.

15. Reuniones con profesionales externos al centro: las habidas con idénticos fines que los referidos en el apartado anterior, si bien con profesionales que no pertenecen al centro.

    Se clasificarán según que la temática tratada haga referencia al estudio y valoración de casos o a gestión y movilización de recursos.

16. Horas de atención al proyecto: tiempo total dedicado a actividades propias del proyecto de información, valoración, asesoramiento y tratamiento sociofamiliar.

Se desglosará en los siguientes apartados: *Actividades directas:*

De entrevistas, clasificado a su vez por sectores.

De visitas, igualmente clasificado por sectores.

De estudio y valoración de casos, entendiendo como tal aquel que el profesional haya destinado individualmente a establecer un diagnóstico de la situación del usuario y/o su familia. Se clasificará por sectores.

De reuniones con profesionales externos al centro, distribuidos según la temática y, dentro de ella, por sectores.

La documentación de casos: elaborando expedientes, informes, etcétera.

De gestiones de recursos de casos en los que exista incapacidad operacional del usuario para efectuarlas.

De actividades indirectas o tiempo dedicado a actividades tales como:

Investigación de las características de los usuarios de la zona, demanda, etc.

Cumplimentación de soportes para evaluación (sabanillas).

Gestión de recursos.

Desplazamiento al puesto de trabajo siempre que se contemple dentro del horario laboral.

17. Horas potenciales de atención al proyecto o tiempo que teóricamente se ha asignado al proyecto en base a los calendarios de trabajo.

18. Horas reales de atención al proyecto, es decir, horas potenciales menos las horas de vacaciones, bajas, etc.

19. Profesionales dedicados a la atención del proyecto.

20. Gastos efectuados distribuidos en los conceptos de sueldos de profesionales, desglosados según se trata de imputaciones de actividades directas o indirectas.

Prestaciones económicas, desglosadas por tipos de prestaciones.

Transporte y desplazamientos.

Formación y asistencia técnica.

Mantenimiento imputado en su parte correspondiente al proyecto.

Varios.

Indicadores para la evaluación

1. Distribución del trabajo

1.1. Dedicación temporal a entrevistas:

$$\frac{16.1}{16} = \frac{\text{Horas dedicadas a entrevistas}}{\text{Horas de atención al proyecto}}$$

1.2. Dedicación temporal a visitas:

$$\frac{16.2}{16} = \frac{\text{Horas dedicadas a visitas}}{\text{Horas de atención al proyecto}}$$

1.3. Dedicación a estudio y valoración ind. de casos:

$$\frac{16.3}{16} = \frac{\text{Horas de estudio y valoración ind. de casos}}{\text{Horas de atención al proyecto}}$$

1.4. Dedicación a reuniones internas:

$$\frac{16.4}{16} = \frac{\text{Horas de reuniones con prof. del centro}}{\text{Horas de atención al proyecto}}$$

1.5. Dedicación a reuniones externas:

$$\frac{16.5}{16} = \frac{\text{Horas de reuniones con prof. externos}}{\text{Horas de atención al proyecto}}$$

1.6. Distribución temporal de actividades directas:

$$\frac{16.1 + 16.2 + 16.3 + 16.4 + 16.5}{16}$$

1.7. Indicador frecuencia de información y orientación:

$$\frac{2.1}{1} = \frac{\text{Casos de información y orientación}}{\text{Casos abiertos}}$$

1.8. Indicador frecuencia de tratamiento:

$$\frac{2.2}{1} = \frac{\text{Casos de tratamiento}}{\text{Casos nuevos}}$$

1.9. Indicador de frecuencia de derivación interna:

$$\frac{7.1}{1} = \frac{\text{Casos derivados a servicios internos}}{\text{Casos abiertos}}$$

2. Calidad de la atención

2.1. Índice de atención en el período:

$$\frac{6}{10_o + 1} = \frac{\text{Casos atendidos}}{\text{Casos que permanecían abiertos al término del período anterior + Casos abiertos}}$$

2.2. Grado de derivación externa:

$$\frac{7.2}{1} = \frac{\text{Casos derivados a servicios externos}}{\text{Casos abiertos}}$$

2.3. Tiempo de dedicación por caso en el período:

$$\frac{16-(16.6+16.7+16.8+16.9)}{1 + 10_o} = \frac{\text{Horas de actividades directas}}{\text{Casos abiertos + Casos que permanecían abiertos al término del período anterior}}$$

2.4. Entrevistas por caso en el período:

$$\frac{12}{1 + 10_o} = \frac{\text{Entrevistas realizadas}}{\text{Casos abiertos + Casos que permanecían abiertos al término del período anterior}}$$

2.5. Tiempo de estudio por caso en el período:

$$\frac{16.3 + 16.4.1 + 16.5.1}{1 + 10_o} = \frac{\text{Total tiempo de estudio}}{\text{(Denominador anterior)}}$$

2.6. Tiempo de gestiones por caso en el período:

$$\frac{16.5.2 + 16.8}{1 + 10_o} = \frac{\text{Horas de reuniones de gestión de recursos + Horas de gestión de recursos}}{\text{(Denominador anterior)}}$$

2.7. Grado de eficacia:

$$\frac{8}{1} = \frac{\text{Casos terminados}}{\text{Casos abiertos}}$$

2.8. Promedio de duración de entrevistas:

$$\frac{16.1}{12} = \frac{\text{Horas dedicadas a entrevistas}}{\text{Entrevistas realizadas}}$$

3. Demanda de servicios

3.1. Índice de movilidad:

$$\frac{6 + 7}{1} = \frac{\text{Casos abiertos + Casos reabiertos}}{\text{Casos terminados + Casos cerrados}}$$

3.2. Incremento de demanda:

$$\frac{1 - 1_o}{1_o} = \frac{\text{Variación de casos abiertos}}{\text{Casos abiertos período anterior}}$$

3.3. Incremento apertura expedientes:

$$\frac{10 - 10_o}{10_o} = \frac{\text{Variación de casos abiertos}}{\text{Casos que permanecían abiertos al término del período anterior}}$$

3.4. Fluctuación de demanda:

$$\frac{\dfrac{\sum\limits_{1}^{x} 1}{x}}{} = \frac{\text{Casos abiertos acumulados en X períodos}}{X}$$

Este dato se comparará corrido.

3.5. Fluctuación demanda en expedientes:

$$\frac{\dfrac{\sum\limits_{1}^{x} 10}{x}}{} = \frac{\text{Casos que permanecen abiertos en X períodos}}{\text{N.º períodos en que se han acumulado}}$$

Igual que el anterior, este dato se tratará corrido.

4. Productividad técnica

4.1. Promedio de casos atendidos por profesional:

$$\frac{6}{19} = \frac{\text{Casos atendidos}}{\text{Profesionales}}$$

4.2. Promedio de casos de información atendidos por profesional:

$$\frac{2}{19} = \frac{\text{Casos atendidos de información y orientación}}{\text{Profesionales}}$$

4.3. Promedio de casos de tratamiento atendidos por profesional:

$$\frac{2}{19} = \frac{\text{Casos atendidos de tratamiento}}{\text{Profesionales}}$$

4.4. Carga de trabajo:

$$\frac{10_o + 1}{18} = \frac{\text{Casos de potencial incidencia}}{\text{Profesionales}}$$

4.5. Empleo del profesional:

$$\frac{16 - 16.9.2}{17} = \frac{\text{Horas de atención al proyecto} - \text{formación}}{\text{Horas potenciales de atención al proyecto}}$$

4.6. Eficiencia de empleo:

$$\frac{16.1 + 16.2 + 16.3 + 16.4 + 16.5 + 16.6 + 16.7 + 16.8}{16.6} = \frac{\text{Horas directas}}{\text{Horas indirectas}}$$

4.7. Grado de saturación:

$$\frac{6 \text{ ó Casos atendidos}}{\text{Capacidad de atención}}$$

4.8. Tipo de atención dispensada de información:

$$\frac{6.1}{6} = \frac{\text{Casos atendidos de información/orientación}}{\text{Casos atendidos}}$$

4.9. Atención dispensada de tratamiento:

$$\frac{6.2}{6} = \frac{\text{Casos de tratamiento}}{\text{Casos atendidos}}$$

Bibliografía

ALVIRA MARTÍN, F.; AVIA, M. Dolores; CALVO, Rosa, y MORALES, F., *Los dos métodos de las ciencias sociales*, Madrid, CIS, 1979. Un pionero en español de la dicotomía método experimental/método correlacional y del tratamiento de los diferentes criterios de validez de diseños. Se presentan una serie de artículos traducidos, siendo especialmente importantes para la metodología de la evaluación el de L. CRONBACH y el de L. KISH.

ALVIRA MARTÍN, F., «La investigación evaluativa: una perspectiva experimentalista», *REIS*, núm. 29, 1985. El artículo presenta diferentes posibilidades de aplicar la experimentación en evaluación a pesar de ser aparentemente imposible.

ALVIRA MARTÍN, F., «Diseños de investigación: criterios operativos» en M. GARCÍA FERRANDO, J. IBÁÑEZ y F. ALVIRA, *El análisis de la realidad social*, Madrid, Alianza, 1986. En el capítulo se hace un análisis en profundidad de los diferentes criterios de validez de diseños y se presentan algunos diseños.

BENTLER, P. M., y WOODWARD, J. A., «Nonexperimental evaluation research: contributions of causal modeling», en Lois-Ellin DATTA y R. PERLOFF (ed.): *Improving Evaluations*, Beverly Hills, Sage, 1979, pp. 71-102. Una buena presentación de la perspectiva de la modelización, control *a posteriori*, en la evaluación de resultados.

COHEN, E., y FRANCO, R., *Evaluación de Proyectos Sociales*, Buenos Aires, Grupo Editor Latino-americano, 1988. Uno de los pocos manuales introductorios de la metodología de la evaluación en castellano.

COOK, T. D., y CAMPBELL, D. J., *Quasi-experimentation, Design, Analysis. Issues for field experimentation*, Cambridge (Ma.), Houghton Mifflin Co., 1979, 406 pp. Un libro imprescindible para entender la evaluación de resultados y de impacto. Constituye el desarrollo último y más elaborado de las ideas de CAMPBELL y STANLEY de 1963.

COOK, T. D., y REICHARDT, Ch. S., *Métodos cualitativos y cuantitativos en investigación evaluativa*, Madrid, Ed. Morata, 1986. Este libro plantea la dicotomía, métodos cualitativos y métodos cuantitativos en evaluación y además recoge artículos de autores ya clásicos en evaluación.

COOK, T. D., y SHADISH, W. R., «Program Evaluation, the Wordly Science», en W. R. SHADISH y C. S. REICHARDT (ed.): *Evaluation Studies Review Anual*, vol. 12, Beverly Hills, Sage, 1987, pp. 30-69. La *Evaluation Review Anual* se publica cada año y el artículo recogido presenta la situación de la evaluación en uno de los últimos números de la misma.

ESPINOZA VERGARA, M., *Evaluación de proyectos sociales*, Buenos Aires, Humanitas, 1983. Junto con el de COHEN y FRANCO, uno de los escasos manuales sobre evaluación existente en castellano.

GELPI, E.; ZUFIAUR, R., y CABRERA, F., *Técnicas de evaluación y seguimiento de pro-

gramas de formación profesional, Madrid, Ed. Largo Caballero, 1987. Un manual que presenta colaboraciones muy dispares, varias de ellas centradas en la evaluación de la formación profesional del INEM, pero también algún capítulo de carácter global sobre evaluación.

HERMAN, J. I. (ed.), *Program Evaluation Kit*. Segunda edición, Beverly Hills, Sage, 1987, 9 vols. New Bury Park. Sin duda el manual más comprensivo existente hoy en el mercado sobre evaluación. Consta de nueve volúmenes y cada uno trata de un tema específico (diseños, medición, etc.). Imprescindible.

JUDD, C. M., y KENNY, D. A., *Estimating the effects of Social Interventions*, Cambridge, Cambridge University Press, 1981, 238 pp. Un buen manual, centrado en el diseño y análisis de las evaluaciones de resultados.

LALANDE, Robert J., «Evaluating the econometric evaluations of training programs with experimental Data», *American Economic Review*, vol. 76(4), 1986, pp. 604-619. Este artículo es una muy buena crítica de la modelización econométrica en evaluación y una nueva perspectiva sobre la experimentación.

LEVIN, H. M., *Cost-effectiveness. A primer*, Beverly Hills, Sage, 1985, 3.ª edición, 168 pp. Una introducción a la evaluación económica y más concretamente a la evaluación coste-efectividad. Tiene un nivel intermedio.

MCKILLIP, J., *Need Analysis*, Newbury, Sage, 1987, 144 pp. Un manual dedicado exclusivamente a la evaluación de necesidades.

PATTON, M. Q., *Practical Evaluation*, Beverly Hills, Sage, 1983. Uno de los manuales de M. Q. PATTON que presenta su perspectiva cualitativista y orientada a la utilización dentro de la evaluación.

PINEAULT, R., y DAVELUY, C., *La planificación sanitaria*, Barcelona, Masson, 1989 (2.ª edición), 382 pp. Este manual de programación/planificación presenta dos capítulos sobre evaluación, uno de evaluación de necesidades y otro de evaluación en general, dentro del área de las ciencias de la salud.

POSAVAC, E. M., y CAREY, R. G., *Program evaluation, methods and case studies*, Englewood Cliffs, Prentice Hall, 1985. Un manual clásico dentro de la evaluación relativamente ecléctico y comprensivo.

RESTREPO, Patricia, con ARRIBAS, M., y TORREGO, J. M., *Evaluación del trabajo y resultados*, Madrid, Consejería de Integración Social, Comunidad Autónoma de Madrid, 1990, 140 pp. Una de las primeras publicaciones de la CAM sobre las evaluaciones que se están llevando a cabo en dicha comunidad.

ROSI, P. H., y FREEMAN, H. E., *Evaluation, a systematic approach*, Beverly Hills, Sage, 1985, 3.ª edición, 424 pp. Un manual sistemático y rigurosamente elaborado de nivel intermedio. Muy interesante como iniciación.

STUFFLEBEAM, D. L., y SHIRKFIELD, A. J., *Evaluación sistemática: guía teórica y práctica*, Barcelona, Paidos, 1987. Una presentación en castellano de los diferentes modelos/perspectivas en evaluación.

Próximos números

Métodos de análisis causal
Juan Díez Medrano

Análisis de regresión múltiple
Mauro Guillén

Historia de vida en las ciencias sociales
Juan José Pujadas

Métodos de muestreo. Casos prácticos
Jacinto Rodríguez Osuna